JN041145

わかる！韓国語 基礎文法と練習

チョ・ヒチョル
Cho Hichoru

はじめに

世の中には外国語学習に関するいろいろな説が飛び交っています。中には的外れな理論や、外国語への誤解によるものも多々あり、それらを信じてしまうことで、なかなか学習が進まなかったりします。

特に外国語の「学習」を母国語の「習得」と履き違えてしまい、それらしき言葉に惑わされる場合は多いようです。

①聞き流すだけでいい？……そうでもありません。

人間は乳児期から思春期（11～12歳）までの成熟期間を過ぎると、母語話者並みの言語を獲得できなくなるという年齢限界があると言われています。要するに「一側化」という現象ですが、思春期を過ぎた（？）皆さんに韓国語は「習得」の対象ではなく、「学習」の対象です。本書で韓国語の文のしくみ（文法）をしっかり学習した上で、ネイティブ・スピーカーの正しい発音を聞いてみましょう。聞き流すだけでは、身につきません。

本書は基本例文などに音声がついていますが、聞き流すだけでなく、書き取ってみたり、声に出して読んでみたりしてください。繰り返し練習することで、ネイティブ・スピーカー並みの韓国語の「発音」「リズム」「イントネーション」などが身につき、「スピーキング」「リスニング」「ライティング」の力が伸びていくでしょう。

②カタカナ表記は学習の妨げになる？……そうでもありません。

英語の「knife」は「クニフェ」と読まずに「ナイフ」と発音しますね。このように文字と発音の間にはズレが生じることがあります。韓国語もしかり、文字と実際の発音が違うものが多くあります。学習者が最初から発音の規則を覚えて正確にハングルが読めるようになれば、それに越したことはありませんが、初心者には簡単ではありません。

本書では「基本例文」や「文法のポイント」などにルビをつけておきました。大いにこれを活用し、将来はカタカナ表記に頼らず正確に読めるようになりましょう。

③きれいな発音、完璧な文法を覚えるべき？……そうでもありません。

韓国語の勉強は、目的や目標によっても学習法が違うはずです。将来、韓国語の講師や通訳を目指す人は最初から徹底して発音、文法、語彙などを覚えなければなりませんが、趣味などで勉強する人は一つでもいいので単語を覚えて、使えそうな場面がありましたら積極的に使っていくべきでしょう。

本書を通じて勉強される場合、発音や文法がおぼつかないとしても、機会を見つけてどんどんしゃべっていきましょう。完璧な発音、完璧な文法を目指すのもいいと思いますが、まずは、「ことばの道」を作って、アウトプットする楽しさを見つけましょう。

よく外国語の学習に王道はないと言われます。長年、韓国語の教育に携わってきた筆者の経験からしてもそのとおりです。つい簡易な勉強法や教材、アプリなどを求めがちですが、こつこつ勉強するのが一番の近道のように思えます。

本書の第1部「ハングルの文字と発音」では、効率よくハングルが覚えられるように、母音と子音の文字を交互に並べてどんどん文字が覚えられるようにしました。また、〈発音のきまり〉を通じて発音の変化に慣れるように構成しました。

第2部「表現と文法」では、40の基本的な文法項目を提示し、項目ごとに基本例文、文法ポイント、トレーニング、練習問題を設け、関連する文法、会話、語彙などを総合的に覚えられるように工夫しました。なお、各課には文法項目のほかに、基本的な語彙も盛り込み、文法と語彙を関連付けて、効率よく覚えられるようにしました。

第3部「付録」では、助詞一覧表、仮名のハングル表記法、韓国語の分かち書き、単語索引などを載せ、学習に役立つようにしました。

最後に本書が出るまで、校正で星文子さん、録音でイ・ホンボクさん、日本語のチェックで宮田京子さんに多くのご協力を賜りました。また、本書の企画から出版まで取りまとめてくださった脇山和美さんにも心から感謝を申し上げます。

著者　チョ・ヒチョル

第1部　ハングルの文字と発音

第2部 表現と文法

第 3 部　付録

「暮らしの韓国語単語」リスト 1～40

音声ダウンロード方法

- 付属音声をベレ出版ホームページより無料で
ダウンロードできます。
（MP3ファイル形式）

① パソコンのウェブブラウザを立ち上げて「ベレ出版」ホームページ（www.beret.co.jp）にアクセスします。

② 「ベレ出版」ホームページ内の検索欄から、『わかる！韓国語 基礎文法と練習』の詳細ページへ。

③ 「音声ダウンロード」をクリック。

④ 8ケタのダウンロードコードを入力しダウンロードを開始します。
ダウンロードコード：BPMmg6hJ

⑤ パソコンやMP3音声対応のプレーヤーに転送して、再生します。

お願いと注意点について

- デジタル・オーディオ、スマートフォンへの転送・再生方法など詳しい操作方法については小社では対応しておりません。製品付属の取り扱い説明書、もしくは製造元へお問い合わせください。

- 音声は本書籍をお買い上げくださった方へのサービスとして無料でご提供させていただいております。様々な理由により、やむを得ずサービスを終了することがありますことをご了承ください。

第1部

ハングルの文字と発音

1 韓国語とハングル

日本の大学に設けられている韓国語学習の科目名は実に多種多様です。「韓国語」「朝鮮語」「韓国・朝鮮語」「コリア語」「ハングル（語）」など。いずれも朝鮮半島が韓国と北朝鮮に分断されているためですが、現に日本で教えられているのは、いずれも韓国の標準語です。本書も韓国の正書法や文法、発音に基づいて構成されています。

もともと「ハングル」というのは韓国語を書き表す文字の名前で、朝鮮時代の1443年、当時の王の世宗（セジョン）と学者の協力で表音文字が作られ、1446年に公布されました。

現在のハングルは母音を表す字母21個（ㅏ（ア）、ㅑ（ヤ）、ㅓ（オ）、ㅕ（ヨ）…など）と子音を表す字母19個（ㄱ、ㄴ、ㄷ、ㄹ…など）でできています。「ハングル」はローマ字と同じように子音文字と母音文字から構成されていますが、表記においては音節ごとにまとめて書きます

（ㄱ［k］＋ㅏ（ア）［a］＝가（カ）［ka］）。

さて、韓国語は日本人が最も学びやすい外国語とされていますが、それは韓国語と日本語の語順や語法などが類似しているからです。また、助詞や敬語の使用などもとても似ています。それでは韓国語の特徴について見てみましょう。

1. 日本語と語順がほぼ同じ

韓国語と日本語は語順がほぼ同じです。

例　「私は　学校に　行きます。」

2. 助詞がある

韓国語も日本語と同じく、体言に助詞が接続します。

例　「友だちといっしょに図書館で勉強をしました。」

チングワ　カチ　トソグヮネソ　コンブルル　ヘッソヨ
「친구와 같이 도서관에서 공부를 했어요.」

3. 活用がある

韓国語も日本語と同じく、動詞・形容詞・助動詞など、その語の文法的機能や他の語への続き方に応じて語尾の形が変わります。

例　「友だちに会って、昼ご飯を食べたあと、映画を見ました。」

チングルル　マンナソ　チョムシムル　モグン　フエ　ヨンファルル　ボワッソヨ
「친구를 만나서 점심을 먹은 후에 영화를 봤어요.」

4. 敬語がある

韓国語には日本語と同じく敬語がありますが、韓国語の場合、目上の人のことを「外」の人に話すときや話題にするときも敬語表現を使います。そのため**日本語**は「**相対敬語**」、**韓国語**は「**絶対敬語**」と言われています。

日本語：今、父はいません。（**相対敬語**）

チグム　アボジヌン　アン　ゲシムニダ
韓国語：지금 아버지는 안 계십니다.（**絶対敬語**）

（直訳：今、お父さんはいらっしゃいません。）

5. 固有語、漢字語、外来語などがある

韓国語の語彙は固有語、漢字語、外来語などに分類ができます。

（1）固有語

밥（パプ）（ご飯）、나무（ナム）（木）、몸（モム）（体）、해（ヘ）（太陽）、물（ムル）（水）、바람（パラム）（風）、사람（サラム）（人）、

사랑 (愛)…

(2) 漢字語

漢字語は本家本元の中国語起源の漢字語、日本語起源の漢字語、韓国独自の漢字語などがあります。漢字の読み方は日本語と違って、訓読みはなく音読みだけで、大半の漢字は1字1音です。

① 中国語起源の漢字語：산 (山)、강 (江)、동물 (動物)、사면초가 (四面楚歌)…

② 日本語起源の漢字語：맥주 (麦酒)、방송 (放送)、일요일 (日曜日)、경제 (経済)、야구 (野球)、자동차 (自動車)、철도 (鉄道) …
입구 (入口)、매상 (売上)、소포 (小包)、낙서 (落書き)、입장 (立場)、건물 (建物)、할인 (割引)* …

*下線部の単語はもともと和語であるが、韓国では漢字語扱い。

③韓国独自の漢字語：친구 (親旧：友だち)、남편 (男便：夫)、감기 (感気：風邪)、공책 (空冊：ノート)、명태 (明太：スケトウダラ)、지갑 (紙匣：財布)、선물 (膳物：おみやげ)…

(3) 外来語

텔레비전 (テレビ)、라디오 (ラジオ)、볼펜 (ボールペン)、카레라이스 (カレーライス)、빌딩 (ビル) …

韓国語の辞書に載っている語彙の6、7割は漢字語だと言われています。漢字語は日本語と発音が似ているものが多く、容易に意味を類推できる場合も多々あります。ただし漢字語であっても新聞や教科書などの書物ではほとんどハングルで表記しています。

6. 韓国語の品詞は全部で9つ

韓国語の品詞には、**①名詞、②代名詞、③数詞、④冠形詞** (日本語の連体詞と同じく、あとに続く名詞などを修飾・限定する。例：새 옷 (新しい服)、

헌책（古い本）、⑤**副詞**、⑥**助詞**、⑦**感嘆詞**、⑧**動詞**、⑨**形容詞**があります。また、日本の韓国語教育において、**存在詞**（「있다（いる、ある）、없다（いない、ない）」）や**指定詞**（「-이다（～である）」、「아니다（～でない）」）を取り上げることもあります。

7. 分かち書きがある（第3部「付録」③韓国語の띄어쓰기（分かち書き）参照）

2 ハングルのしくみと組み合わせ

まず、ハングルの1つの文字がどのようにできているのかを見てみましょう。ハングルの文字は子音文字と母音文字の組み合わせでできています。

子音文字と母音文字の組み合わせは一般的に次のように2通りです。

（1）子音文字＋母音文字

（2）子音文字＋母音文字＋子音文字

最初の子音文字を「初声」、「初声」の右や下についている母音文字を「中声」、「初声」と「中声」の組み合わせの下についている子音文字を「終声（パッチム）」と言います。

（1）子音＋母音〈나무（木）〉

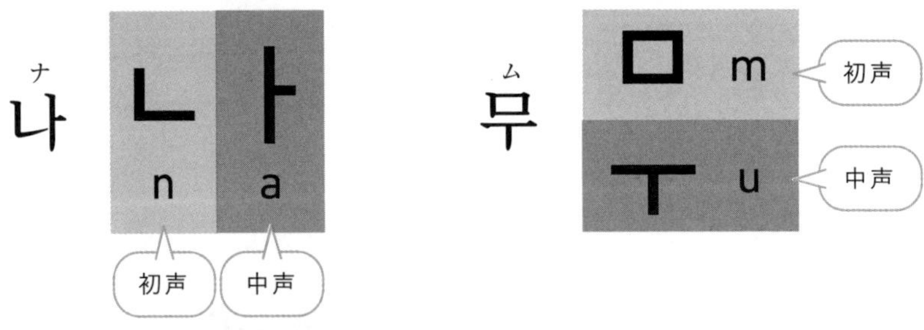

（2）子音＋母音＋子音〈남문（南門）〉

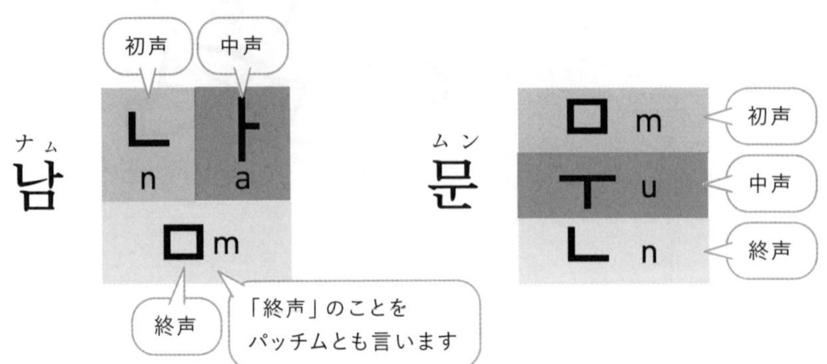

3 ハングルの文字と発音

1. 母音（1）　中声①〈単母音〉　TRACK 01

日本語の母音は「アイウエオ」の5つですが、それに当たる韓国語の母音は8つあります。つまり、「ウ、エ、オ」に当たる母音が2つずつあります。

かな	ハングル		発音	発音の詳細と単語
ア	ㅏ	아	[a]	「ア」より気持ち大きく口を開けて。 아이〔アイ〕(子ども)　아우〔アウ〕(弟)　유아〔ユア〕(幼児)
イ	ㅣ	이	[i]	「イ」とほぼ同じ。 이유〔イユ〕(理由)　이사〔イサ〕(引っ越し)　나이〔ナイ〕(歳)
ウ	ㅜ	우	[u]	唇を丸くすぼめて前に突き出し「ウ」。 우표〔ウピョ〕(切手)　우산〔ウサン〕(傘)　아우〔アウ〕(弟)
	ㅡ	으	[ɯ]	「イ」の口構えで「ウ」。 으악〔ウアク〕(きゃー)　으로〔ウロ〕(～で)　나으면〔ナウミョン〕(治ったら)
エ	ㅐ	애	[ɛ]	「エ」より口を少し大きく開けて。 애교〔エギョ〕(愛嬌)　애기〔エギ〕(赤ちゃん)　우애〔ウエ〕(友愛)
	ㅔ	에	[e]	「エ」とほぼ同じ。 에이〔エイ〕(A)　에이스〔エイス〕(エース)　도쿄에〔トキョエ〕(東京に)
オ	ㅗ	오	[o]	唇を丸くすぼめて「オ」。 오이〔オイ〕(キュウリ)　오빠〔オッパ〕(兄)　듀오〔デュオ〕(デュオ)
	ㅓ	어	[ɔ]	「ア」の口構えで「オ」。 어머니〔オモニ〕(お母さん)　어제〔オジェ〕(昨日)　피어요〔ピオヨ〕(咲きます)

母音だけの発音の文字を書くときは、初声がないことを表すために必ずㅇをつけます。

母音文字のㅏㅣㅐㅔㅓ〔アイウエオ〕はㅇの右に、ㅜㅡㅗ〔ウウオ〕はㅇの下につきます。

〈読んで書いてみましょう！〉

아이（アイ）（子ども）					
오이（オイ）（キュウリ）					
아우（アウ）（弟）					
우애（ウエ）（友愛）					
에이（エイ）（A）					

＊ㅇは字体によってはㆁと書きます。上の点は気持ちだけ！

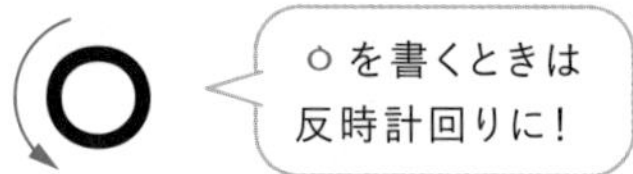

2. 子音

ハングルで、가나더러（カナトロ）などの文字は、가（カ）＝ㄱ＋ㅏ（ア）、나（ナ）＝ㄴ＋ㅏ（ア）、더（ト）＝ㄷ＋ㅓ（オ）、러（ロ）＝ㄹ＋ㅓ（オ）のように左に子音文字、右に母音文字が合体したものです。

また、고노두루（コノトゥル）などの文字は고（コ）＝ㄱ＋ㅗ（オ）、노（ノ）＝ㄴ＋ㅗ（オ）、두（トゥ）＝ㄷ＋ㅜ（ウ）、루（ル）＝ㄹ＋ㅜ（ウ）のように上に子音文字、下に母音文字が合体したものです。

ハングルの子音は発音のし方によって、①鼻音・流音②平音③激音④濃音に分けることができます。ここではハングルの子音文字について見ていきましょう。

子音（1）初声①〈鼻音・流音〉

▶ TRACK 02

鼻音は「ㄴ [n]」「ㅁ [m]」のように呼気が鼻に抜ける音で、流音は「ㄹ [r]」のように舌先が軽く上の歯茎を弾く音です。

	ハングル	発音	発音の詳細と単語
鼻音	ㄴ	[n]	日本語のナ行の [n] と同じ。 ナイ　ノレ　ヌナ 나이（歳） 노래（歌） 누나（姉）
	ㅁ	[m]	日本語のマ行の [m] と同じ。 ミニ　メモ　ナム 미니（ミニ） 메모（メモ） 나무（木）
流音	ㄹ	[r]	日本語のラ行の [r] と同じ。 ラディオ　モリ　ミレ 라디오（ラジオ） 머리（頭） 미래（未来）

〈読んで書いてみましょう！〉

ヌナ 누나（姉）					
オモニ 어머니（お母さん）					
メニュ 메뉴（メニュー）					
ナラ 나라（国）					
ノレ 노래（歌）					

子音（2）初声② 〈平音〉

平音は息を強く出さずに柔らかく発音をします。

	ハングル	語頭		語中	
		発音	発音の詳細と単語	発音	発音の詳細と単語
平音	ㄱ *1	[k]	「カ」行の [k] と同じように。 가구《カグ》（家具） 고기《コギ》（肉）	[g]	「ガ」行の [g] と同じように。 가구《カグ》（家具） 고기《コギ》（肉）
	ㄷ	[t]	「タ、テ、ト」の [t] と同じように。 다도《タド》（茶道） 대두《テドゥ》（大豆）	[d]	「ダ、デ、ド」の [d] と同じように。 다도《タド》（茶道） 대두《テドゥ》（大豆）
	ㅂ	[p]	「パ」行の [p] と同じように。 부부《プブ》（夫婦） 바보《パボ》（馬鹿）	[b]	「バ」行の [b] と同じように。 부부《プブ》（夫婦） 바보《パボ》（馬鹿）
	ㅈ *2	[tʃ]	「チャ」行の [tʃ] と同じように。 주주《チュジュ》（株主） 조조《チョジョ》（早朝）	[dʒ]	「ジャ」行の [dʒ] と同じように。 주주《チュジュ》（株主） 조조《チョジョ》（早朝）
	ㅅ	[s]	「サ」行の [s] と同じように。 사이다《サイダ》（サイダー） 소리《ソリ》（音） 주스《チュス》（ジュース） 가수《カス》（歌手）		
		[ʃ]	ただし [i][wi][j] の前では [ʃ] と発音する。 시소《シソ》（シーソー） 스시《スシ》（寿司）		

*1 ㄱは가거기などのように、右に母音文字がつけられる場合は左寄りに、고구그のように下に母音文字がつけられる場合はまっすぐ下ろします。

*2 ㅈは字体によってはスとも書きます。

発音のきまり（1） 有声音化①

平音のうち、「ㄱ、ㄷ、ㅂ、ㅈ」は、語頭では［k］［t］［p］［tʃ］」と発音される無声音（清音）ですが、語中では［g］［d］［b］［dʒ］」と有声音（濁音）になります。ただし、「ㅅ」は語頭でも語中でも濁ることはありません。なお、韓国語で語頭に有声音がくることはありません。

구두 [구두(クドゥ)]（靴）　　**두부 [두부(トゥブ)]（豆腐）**

〈読んで書いてみましょう！〉

가구(カグ)（家具）					
두부(トゥブ)（豆腐）					
아버지(アボジ)（お父さん）					
제주도(チェジュド)（済州島）					
시소(シソ)（シーソー）					

3. 母音（2）：中声②〈ヤ行の母音〉

TRACK 04

ハングルの母音の中には日本語の「ヤ、ユ、ヨ」に当たるものがあります。単母音の前に半母音「j」がついたものです。この文字の成り立ちは「ㅏ(ア)→ㅑ(ヤ)」「ㅓ(オ)→ㅕ(ヨ)」という具合に、いずれも「ㅏ(ア)ㅓ(オ)ㅗ(オ)ㅜ(ウ)ㅐ(エ)ㅔ(エ)」という単母音の文字に、1画ずつ加え、「ㅑ(ヤ)ㅕ(ヨ)ㅛ(ヨ)ㅠ(ユ)ㅒ(イェ)ㅖ(イェ)」という文字が作られました。ということは、単母音の文字さえ知っていればヤ行の母音は読むのも書くのも簡単です。

かな	ハングル		発音	発音の詳細と単語
ヤ	ㅑ	야	[ja]	「ヤ」とほぼ同じ。 야구（ヤグ）（野球） 야채（ヤチェ）（野菜） 주야（チュヤ）（昼夜）
ヨ	ㅕ	여	[jɔ]	口を「ヨ」より大きく開ける。 여우（ヨウ）（キツネ） 여유（ヨユ）（余裕） 기여（キヨ）（寄与）
	ㅛ	요	[jo]	唇を丸くすぼめて前に突き出して「ヨ」と発音する。 요리（ヨリ）（料理） 요가（ヨガ）（ヨガ） 가요（カヨ）（歌謡）
ユ	ㅠ	유	[ju]	唇を丸くすぼめて「ユ」。 유료（ユリョ）（有料） 유아（ユア）（幼児） 우유（ウユ）（牛乳）
イェ	ㅒ	얘	[jɛ]	「イェ」より口を少し大きく開けて。 얘기（イェギ）（話） 하얘요（ハイェヨ）（白いです）
	ㅖ	예	[je]	「イェ」とほぼ同じ。 예!（イェ）（はい！） 예의（イェイ）（礼儀） 도예（トイェ）（陶芸）

ヤ行の母音だけの文字を書くときも初声がないことを表すために必ず ㅇ をつけます。

〈読んで書いてみましょう！〉

야구（ヤグ）（野球）					
여유（ヨユ）（余裕）					
요리（ヨリ）（料理）					
유료（ユリョ）（有料）					
시계（シゲ）（時計）					

発音のきまり（2） 二重母音（「ㅒ」と「ㅖ」）の単母音化

ㅒは［jɛ］、ㅖは［je］と発音しますが、계례재폐혜のように子音と組み合わせるときは［-jɛ］［-je］の他に［-ɛ］［-e］と発音することもできます。つまり、「시계（時計）」は［시계（ʃigje）］の他に［시게（ʃige）］とも発音します。

시계［시게］（時計）

4. 子音（3）：初声③〈激音〉

TRACK 05

激音とは強い息を伴う音で、有気音とも言われます。激音を表す「ㅋ、ㅌ、ㅍ、ㅎ、ㅊ」の文字は「ㄱ、ㄷ、ㅂ、ㅇ、ㅈ」からできた、いわば その変形です。激音は語頭でも、語中でも濁りません。

	ハングル	発音	発音の詳細と単語
激音	ㅋ（←ㄱ）	［k^h］	息を強く出しながら、「カ」行を発音する。 커피（コーヒー） 카메라（カメラ） 초코（チョコ）
	ㅌ（←ㄷ）	［t^h］	息を強く出しながら、「タ」行を発音する。 테니스（テニス） 투표（投票） 노트（ノート）
	ㅍ（←ㅂ）	［p^h］	息を強く出しながら、「パ」行を発音する。 피아노（ピアノ） 포도（ブドウ） 우표（切手）
	ㅎ*1（←ㅇ）	［h］	「ハ」行と同じ。 하나（一つ） 허리（腰） 오후（午後）
	ㅊ*2（←ㅈ）	［$tʃ^h$］	息を強く出しながら、「チャ」行を発音する。 치마（スカート） 채소（野菜） 고추（唐辛子）

*1 *2字体によっては、ㅎをㅎと、ㅊをㅊと書くこともあります。

〈読んで書いてみましょう！〉

카메라（カメラ）					
커피（コーヒー）					
토마토（トマト）					
해피（ハッピー）					
고추（唐辛子）					

5. 母音（3）：中声③〈ワ行の母音〉

TRACK 06

ハングルの母音文字のうちには、「오 [o] ＋아 [a]」が合体してできた「와 [wa]」、「우 [u] ＋어 [ɔ]」が合体してできた「워 [wɔ]」などのように、母音の文字が2つ重なって（ダブって）いるものは「w（ワ行の発音）」で発音が始まります。

かな	ハングル		発音	発音の詳細と単語
ワ	ㅘ	와	[wa]	「ワ」とほぼ同じ。 와요（来ます） 좌우（左右） 사과（リンゴ）
ウォ	ㅝ	워	[wɔ]	「ウォ」とほぼ同じ。 워드（ワード） 뭐예요（何ですか） 더워요（暑いです）
ウェ	ㅞ	웨	[we]	「ウェ」とほぼ同じ。 웨이터（ウェイター） 궤도（軌道）
	ㅙ	왜	[wɛ]	「ウェ」とほぼ同じ。 왜（なぜ） 돼지（豚） 폐쇄（閉鎖）
	ㅚ	외＊1	[we]	「ウェ」とほぼ同じ。 외가（母の実家） 회사（会社） 무쇠（鋼鉄）

かな	ハングル		発音	発音の詳細と単語
ウィ	ㅟ	위	[wi]	「ウィ」とほぼ同じ。 위(上)　취미(趣味)　사귀다(付き合う)

ワ行の母音だけの文字を書くときも、
初声がないことを表すために必ず ㅇ をつけます。

*1上の6つの文字のうち、「외」を除いては、「오[o]＋아[a]＝와[wa]」のように、いずれも最初は[w]、次は2番目の母音の発音を当てれば当該文字の発音になります。ただし、「외」の場合は例外で[wi(ウィ)]ではなく[we(ウェ)]と読みます。

〈読んで書いてみましょう！〉

과자(お菓子)					
돼지(豚)					
회사(会社)					
샤워(シャワー)					
웨이터(ウェイター)					
취미(趣味)					

6. 母音（4）：中声④〈二重母音〉

TRACK 07

二重母音「의（ウイ）」は「으（ウ）」と「이（イ）」の組み合わせでできた文字です。

かな	ハングル		発音	発音の詳細と単語
ウイ	ㅢ	의	[ɯi]	「으」から「이」を一気に発音する。 의미（ウイミ）（意味）　의사（ウイサ）（医師）

母音だけからなる文字を書くときは初声がないことを表すために ㅇ をつけます。

〈読んで書いてみましょう！〉

의사（ウイサ）（医者）					

発音のきまり（3）　「의（ウイ）」の発音

TRACK 08

「의」は位置などによって3通りの発音があります。

位置	発音	例
① 語頭	[ウイ ɯi]	의미（ウイミ）（意味）　의사（ウイサ）（医師）　의자（ウイジャ）（椅子）
② a）語頭以外	[イ i]	예의（イェイ）（礼儀）　회의（フェイ）（会議）
b）子音＋ㅢ		희망（ヒマン）（希望）　무늬（ムニ）（模様）
③ 助詞「～の」	[エ e]	아이의 우유（アイエウユ）（子どもの牛乳）

7. 子音（4）：初声④〈濃音〉

TRACK 09

濃音を表す文字はいずれも平音の文字「ㄱ、ㄷ、ㅂ、ㅅ、ㅈ」を2つ並べて「ㄲ、ㄸ、ㅃ、ㅆ、ㅉ」と書きます。

「까（ツカ）、따（ッタ）、빠（ッパ）」などの「濃音」が入っている文字は、［ッカ、ッタ、ッパ］のように、のどを詰まらせて息を漏らさないように発音します。濃音は語頭でも、語中でも濁りません。

	ハングル	発音	発音の詳細と単語
濃音	ㄲ（←ㄱ）	[ˀk]	「까」は「カッカ」の「ッカ」に似た音。 ツカチ　　　　　　　　ツコリ 까치（カササギ）　꼬리（しっぽ） トッキ 토끼（ウサギ）
	ㄸ（←ㄷ）	[ˀt]	「따」は「タッタ」の「ッタ」に似た音。 ッテ　　　　　ット　　　　セッテ 때（とき）　또（また）　새떼（鳥の群れ）
	ㅃ（←ㅂ）	[ˀp]	「빠」は「パッパ」の「ッパ」に似た音。 ップリ　　　　　　ッポッポ 뿌리（根っこ）　뽀뽀（チュー、キス） オッパ 오빠（兄）
	ㅆ（←ㅅ）	[ˀs、ˀʃ]	「싸」は「サッサ」の「ッサ」に似た音。 ッスレギ　　　ッサダ 쓰레기（ゴミ）　싸다（安い） アジョッシ 아저씨（おじさん）
	ㅉ（←ㅈ）	[ˀʧ]	「짜」は「チャッチャ」の「ッチャ」に似た音。 ッチゲ　　　　　ッチャダ 찌개（鍋料理）　짜다（塩辛い） ポッチ 버찌（さくらんぼ）

〈読んで書いてみましょう！〉

ッカチ 까치（カササギ）					
ット 또（また）					
ッポッポ 뽀뽀（チュー）					
ッスレギ 쓰레기（ゴミ）					
ッチゲ 찌개（鍋料理）					

8. 子音（5）：終声①

▶ TRACK 10

ハングルの文字には「子音＋母音＋子音」、つまり「**간**、**날**、**담**、**랑**、**밥**、**죽**」などのように子音＋母音の組み合わせの下にもう1つ子音字がつくものがあります。その最後の子音字を「終声」、または「パッチム（받침）」とも言います。

ここでは（1）鼻音、（2）流音、（3）口音の終声の順に見てみましょう。

（1）鼻音の終声

鼻音の終声は、呼気が鼻に抜ける音で、ㅁ［m］、ㄴ［n］、ㅇ［ŋ］などがあります。

	かな	ハングル	発音	発音の詳細と単語
鼻音	ン	ㄴ	［n］	「안」は「アンナ」の「アン」に似た音。 舌先を上の歯の裏に軽くつける。 산（山） 돈（お金） 눈（雪・目）
	ム	ㅁ	［m］	「암」は「アンマ」の「アン」に似た音。 口を閉じて「ン」。 감（柿） 밤（夜） 곰（熊）
	ン	ㅇ	［ŋ］	「앙」は「アンガ」の「アン」に似た音。 口を開けた状態で「ン」。 공（ボール） 방（部屋） 빵（パン）

〈読んで書いてみましょう！〉

준비（準備）					
감자（ジャガイモ）					
명동（明洞）					

（2）流音の終声

▶ TRACK 11

流音の終声は、息が舌の両側から抜ける音で、ㄹ [l] 1つだけです。

	かな	ハングル	発音	発音の詳細と単語
流音	ル	ㄹ	[l]	「알」の「ㄹ」は舌先を上あごに軽くつけて発音する。 달（タル）（月）　말（マル）（言葉・馬）　술（スル）（お酒）

〈読んで書いてみましょう！〉

일본（イルボン）（日本）					
서울（ソウル）（ソウル）					

発音のきまり（4）　有声音化②

▶ TRACK 12

鼻音と流音のパッチム「ㄴ、ㄹ、ㅁ、ㅇ」の次に平音「ㄱ (k)、ㄷ (t)、ㅂ (p)、ㅈ (tʃ)」が続くと、この平音は有声音化し［ㄱ (g)、ㄷ (d)、ㅂ (b)、ㅈ (dʒ)］と濁って発音されます。つまり「불고기」は「プルコキ」ではなく「プルゴギ」、「갈비」は「カルピ」ではなく「カルビ」と発音します。

불고기［불고기（プルゴギ）］（焼き肉）　갈비［갈비（カルビ）］（カルビ）

発音のきまり（5）　連音化（リエゾン）

▶ TRACK 13

パッチムの次に母音で始まる文字が来ると、前のパッチムは次の音節の初声として発音されますが、これを「連音化（リエゾン）」と言います。

서울에 [서우레] (ソウルに)　**음악이 [으마기]** (音楽が)

（ソウレ／ウマギ）

ただし、パッチムがㅇのときは連音化せずに発音します。

강아지 [강아지] (子犬)　**가방에 [가방에]** (カバンに)

（カンアジ／カバンエ）

《**練習1**》次の語句の発音を例のように書いてみましょう。

例　일요일 [이료일] (日曜日)（イリョイル）

(1) 발음 [　　　　] (発音)　(2) 목요일 [　　　　] (木曜日)

(3) 눈이 [　　　　] (目が)　(4) 집은 [　　　　] (家は)

(5) 밥을 [　　　　] (ご飯を)　(6) 살아요 [　　　　] (住みます)

発音のきまり（6） 口蓋音化

TRACK 14

パッチムのㅌやㄷのあとに이が続いたとき、パッチムのㅌやㄷはそれぞれ [ㅊ] や [ㅈ]、つまり口蓋音に変わります。これを口蓋音化と言います。

같이 [가티 (×) **가치]** (いっしょに)（カティ／カチ）

굳이 [구디 (×) **구지]** (あえて)（クディ／クジ）

《**練習2**》次の語句の発音を例のように書いてみましょう。

例　같이 [가치]（いっしょに）

（1）밭이 [　　　　]（畑が）　（2）끝이 [　　　　]（終わりが）

（3）해돋이 [　　　　]（日の出）　（4）맏이 [　　　　]（長男、長女）

発音のきまり（7）ㅎ（ヒウッ）の弱音化

TRACK 15

パッチムのㄴ（ン）、ㄹ（ル）、ㅁ（ム）、ㅇ（ン）の後ろにㅎ（ヒウッ）で始まる文字がくる場合、ㅎ（ヒウッ）は弱く発音されるか、ほとんど発音されなくなります。これを「ㅎ（ヒウッ）の弱音化」と言います。

은행 [으냉（ウネン）]（銀行）　**미안해요 [미아내요（ミアネヨ）]**（ごめんなさい）

また、パッチムのㅎ、ㄶ、ㅀの次に母音が続くとき、ㅎは発音しません。

좋아요 [조하요（×）　**조아요（チョアヨ）]**（いいです）

좋은 [조흔（×）　**조은（チョウン）]**（よい…）

싫어요 [실허요（×）　**시러요（シロヨ）]**（嫌いです）

《**練習3**》次の語句を例のように発音通りにハングルで書いてみましょう。

例　은행 [으냉（ウネン）]（銀行）

（1）전화 [　　　　]（電話）　（2）김해 [　　　　]（金海）

（3）많이 [　　　　]（たくさん）　（4）괜찮아요 [　　　　]（大丈夫です）

発音のきまり（8） 流音化

▶ TRACK 16

終声のㄴの次に初声ㄹが来ると、終声のㄴの発音は後ろの初声ㄹの影響でㄹに変わります。また、終声ㄹの次に初声ㄴが来ると、初声のㄴの発音は前のㄹの影響でㄹに変わります。これを「流音化」と言います。

편리 [펼리]（便利）　**실내 [실래]**（室内）

終声	流音化	例
[ㄴ]	ㄴ＋ㄹ→ㄹ＋ㄹ	편리 [펼리]（便利） 신라 [실라]（新羅）
[ㄹ]	ㄹ＋ㄴ→ㄹ＋ㄹ	실내 [실래]（室内） 오늘날 [오늘랄]（今日）

《練習4》次の語句の発音を例のように書いてみましょう。

例　편리 [펼리]（便利）

(1) 연락 [　　　　]（連絡）　(2) 원래 [　　　　]（元来）

(3) 전라도 [　　　　]（全羅道）　(4) 일년 [　　　　]（1年）

(3) 口音の終声

▶ TRACK 17

口音の終声、ㄱ $[^{k}]$ ㄷ $[^{t}]$ ㅂ $[^{p}]$ は発音するときの口の構えや唇や舌の位置をしっかり止めたままで、動かしてはいけません。

	かな	ハングル	発音	発音の詳細と単語
口音	ク	ㄱ	$[^{k}]$	「악」は「アッカ」の「アッ」に似た音。 책（本） 약국（薬局） 학교（学校）
	ツ	ㄷ	$[^{t}]$	「앋」は「アッタ」の「アッ」に似た音。 곧（すぐ） 묻다（尋ねる） 닫다（閉める）
	プ	ㅂ	$[^{p}]$	「압」は「アッパ」の「アッ」に似た音。 집（家） 밥（ご飯） 지갑（財布）

〈読んで書いてみましょう！〉

책（本）					
약국（薬局）					
곧（すぐ）					
밥（ご飯）					

発音のきまり（9） 濃音化

TRACK 18

終声のㄱ［k］ㄷ［t］ㅂ［p］の後に平音の初声が来ると、平音の初声は濃音で発音されます。

학생［학쌩］（学生）　잡지［잡찌］（雑誌）

終声	初声の濃音化	例
［ㄱ］（ㄱ、ㄲ、ㅋ）	ㄱ→［ㄲ］ ㄷ→［ㄸ］ ㅂ→［ㅃ］ ㅅ→［ㅆ］ ㅈ→［ㅉ］	축구［축꾸］（サッカー） 식당［식땅］（食堂） 국밥［국빱］（クッパ）
［ㄷ］（ㄷ、ㅌ、ㅅ、ㅆ、ㅈ、ㅊ）		숟가락［숟까락］（スプーン） 젓가락［젇가락 → 젇까락］（お箸） 찾다［찯다 → 찯따］（探す）
［ㅂ］（ㅂ、ㅍ）		잡지［잡찌］（雑誌） 입구［입꾸］（入口） 앞집［압집 → 압찝］（前の家）

＊本書では「濃音化」する語について、ここ以外ではルビで表記していません。

《**練習5**》次の語句の発音を例のように書いてみましょう。

例　잡지 [잡찌《チャプッチ》]（雑誌）

(1) 탁구 [　　　　　　]（卓球）　(2) 닫다 [　　　　　　]（閉める）

(3) 답장 [　　　　　　]（返事）　(4) 입다 [　　　　　　]（着る）

発音のきまり（10） 激音化

▶ TRACK 19

終声のㄱ [^{k}]、ㄷ [^{t}]、ㅂ [^{p}] は、その後に「ㅎ」が続くと、終声がそれぞれ「ㅎ」と合体して激音の [ㅋ]、[ㅌ]、[ㅍ] と発音されます。なお、「ㅎ」パッチムの次に「ㄱ」、「ㄷ」、「ㅈ」が続くときも、それぞれ合体して [ㅋ]、[ㅌ]、[ㅊ] に変わります。これを激音化と言います。

입학 [이팍《イパク》]（入学）　**좋다 [조타《チョタ》]**（よい）

終声	初声の激音化	例
[ㄱ] （ㄱ、ㄲ、ㅋ）	ㄱ [^{k}] + ㅎ [h] → ㅋ [k^{h}]	백화점 [배콰점《ペクヮジョム》]（百貨店） 육회 [유쾨《ユクェ》]（ユッケ）
[ㄷ] （ㄷ、ㅌ、ㅅ、ㅆ、ㅈ、ㅊ）	ㄷ [^{t}] + ㅎ [h] → ㅌ [t^{h}]	몇 해 [멷해→며태《ミョテ》]（何年間）
[ㅂ] （ㅂ、ㅍ）	ㅂ [^{p}] + ㅎ [h] → ㅍ [p^{h}]	입학 [이팍《イパク》]（入学）
ㅎ	ㅎ [h] + ㄱ [k] → ㅋ [k^{h}]	좋고 [조코《チョコ》]（よく）
	ㅎ [h] + ㄷ [t] → ㅌ [t^{h}]	좋다 [조타《チョタ》]（いい）
	ㅎ [h] + ㅈ [tʃ] → ㅊ [tʃ^{h}]	좋지만 [조치만《チョチマン》]（いいが）

《**練習6**》次の語句の発音を例のように書いてみましょう。

例　입학 [이팍](入学)

(1) 축하 [　　　　　](祝賀)　(2) 집합 [　　　　　](集合)
(3) 놓다 [　　　　　](置く)　(4) 파랗고 [　　　　　](青くて)

発音のきまり(11) 終声の中和

TRACK 20

口音の終声は、表記上は多くの終声字母が使われますが、発音はㄱ[k] ㄷ[t] ㅂ[p] の3つに絞られます。

①〈ㄱ [k] のなかま〉

[k]
ㄱ(ㅋ、ㄲ)

책(本)、부엌 [부억] (台所)、밖 [박] (外) のように、パッチムの「ㄱ、ㅋ、ㄲ」はいずれも「ㄱ [k]」と発音します。[k] の発音は [k] を発音するときの口構えだけで音は出しません。

책 [책] (本)　**부엌 [부억]** (台所)　**밖 [박]** (外)

《**練習7**》次の語句の発音を例のように書いてみましょう。

例　부엌 [부억](台所)

(1) 남녘 [　　　　　](南側)　(2) 밖 [　　　　　](外)

②〈ㄷ [^{t}] のなかま〉

[^{t}]
ㄷ（ㅌ、ㅅ、ㅆ、ㅈ、ㅊ、ㅎ）

곧（すぐ）、끝［끋］（終わり）、옷［옫］（服）、있다［읻따］（ある・いる）、낮［낟］（昼）、꽃［꼳］（花）のように、パッチムの「ㄷ、ㅌ、ㅅ、ㅆ、ㅈ、ㅊ、ㅎ」はいずれも「ㄷ［^{t}］」と発音します。［^{t}］の発音は［t］を発音するときの口構えだけで音は出しません。

곧［곧（コッ）］（すぐ）　**밭**［받（パッ）］（畑）　**빗**［빋（ピッ）］（櫛（くし））
있다［읻따（イッタ）］（ある・いる）　**빚**［빋（ピッ）］（借金）　**빛**［빋（ピッ）］（光）
히읗［히읃（ヒウッ）］（ヒウッ：「ㅎ」の名称）

《練習8》次の語句の発音を例のように書いてみましょう。

例　밭［받（パッ）］（畑）

(1) 붓［　　　　　］（筆）　　(2) 밑［　　　　　］（下）
(3) 꽃［　　　　　］（花）　　(4) 빛［　　　　　］（光）

③〈ㅂ [^{p}] のなかま〉

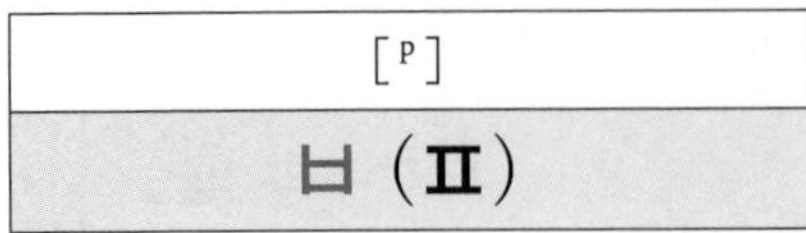

밥（飯）、입（口）、앞［압］（前）、옆［엽］（横）のように、パッチムの「ㅂ、ㅍ」はいずれも「ㅂ［^{p}］」と発音します。［^{p}］の発音は［^{p}］を発音するときの口構えだけで音は出しません。

집 [집]（家） **잎 [입]**（葉） **옆 [엽]**（横）

《**練習9**》次の語句の発音を例のように書いてみましょう。

例 옆[엽]（横）

(1) 앞[　　　　　]（前）　　(2) 숲[　　　　　]（森）

発音のきまり（12） 口音の鼻音化

TRACK 21

終声［ㄱ］［ㄷ］［ㅂ］は、後続する音節の初声「ㄴ・ㅁ」と同化し、それぞれの音が［ㅇ］［ㄴ］［ㅁ］に変わります。つまり、「ㄱ（ㄲ、ㅋ）」「ㄷ（ㅌ、ㅅ、ㅆ、ㅈ、ㅊ）」「ㅂ（ㅍ）」の次に「ㄴ・ㅁ」が続く場合、終声の［ㄱ］［ㄷ］［ㅂ］はそれぞれ鼻音の［ㅇ］［ㄴ］［ㅁ］で発音します。これを鼻音化と言います。

국민 [궁민]（国民） **입니다 [임니다]**（～です）

終声	＋初声	口音の鼻音化	例
［ㄱ］ （ㄱ、ㄲ、ㅋ）	ㄴ ㅁ	［ㄱ → ㅇ］	작년［장년］（昨年） 국민［궁민］（国民）
［ㄷ］ （ㄷ、ㅌ、ㅅ、ㅆ、ㅈ、ㅊ）		［ㄷ → ㄴ］	옛날［옏날 → 옌날］（昔） 꽃말［꼳말 → 꼰말］（花言葉）
［ㅂ］ （ㅂ、ㅍ）		［ㅂ → ㅁ］	앞니［암니］（前歯） 입문［임문］（入門）

《**練習10**》次の語句の発音を例のように書いてみましょう。

例　박물관 [방물관〔パンムルグヮン〕]（博物館）

(1) 작문 [　　　　]（作文）　(2) 국물 [　　　　]（汁物）

(3) 앞날 [　　　　]（将来）　(4) 닫는 [　　　　]（閉める…）

9. 子音（6）：終声②

TRACK 22

ハングルのパッチムには「ㄸ、ㅃ、ㅉ」を除いた全ての子音字と「ㄳ、ㄵ、ㄺ、ㅄ…」などのように2つの異なる子音文字を並べて作った「二重パッチム」が用いられます。

二重パッチムを含めたすべてのパッチムは以下のとおり、「ㄱ、ㄴ、ㄷ、ㄹ、ㅁ、ㅂ、ㅇ」の7つの音のいずれかで発音されます。

《パッチム一覧》

発音	例〈右は二重パッチム〉	
ㄱ [k]	ㄱ、ㅋ、ㄲ	ㄳ、ㄺ*1
	책〔チェク〕（本）　부엌〔プオク〕（台所）　밖〔パク〕（外）	삯〔サク〕（賃金）　흙〔フク〕（土）
ㄴ [n]	ㄴ	ㄵ、ㄶ
	눈〔ヌン〕（目・雪）　돈〔トン〕（お金）　문〔ムン〕（門）　산〔サン〕（山）	앉다〔アンタ〕（座る）　많다〔マンタ〕（多い）
ㄷ [t]	ㄷ、ㅌ、ㅅ、ㅆ、ㅈ、ㅊ、ㅎ	
	곧〔コッ〕（すぐ）　끝〔ックッ〕（終わり）　옷〔オッ〕（服）　있다〔イッタ〕（ある、いる）　낮〔ナッ〕（昼）　꽃〔ッコッ〕（花）　히읗〔ヒウッ〕（ヒウッ）	

発音	例〈右は二重パッチム〉	
	ㄹ	ㄼ、ㄽ、ㄾ、ㅀ
ㄹ [l]	말 [マル] (言葉・馬) 달 [タル] (月)　물 [ムル] (水)	짧다 [ッチャル タ] (短い)　넓다 [ノル タ] (広い) 외곬 [ウェゴル] (一筋)　핥다 [ハル タ] (なめる) 잃다 [イル タ] (失う)
	ㅁ	ㄻ＊
ㅁ [m]	남 [ナム] (他人)　몸 [モム] (体) 밤 [パム] (夜・栗)　봄 [ポム] (春) 짐 [チム] (荷物)　잠 [チャム] (睡眠)	삶 [サム] (生)
	ㅂ、ㅍ	ㅄ、ㄼ
ㅂ [ᵖ]	밥 [パプ] (ご飯)　입 [イプ] (口)　집 [チプ] (家) 앞 [アプ] (前)　옆 [ヨプ] (横)	값 [カプ] (値段)　없다 [オプ タ] (ない・いない) 밟다 [パプ タ] (踏む)
	ㅇ	
ㅇ [ŋ]	강 [カン] (川)　공 [コン] (ボール)　방 [パン] (部屋)　병 [ピョン] (ビン)	

＊ 数字の27、20に似ている흙のㄺ、삶のㄻはパッチムの右の文字を読むので、発音は흙 [흑]、삶 [삼] になる。

第1部の「ハングルの文字と発音」のパッチムの文字のルビは
ㇰ、ㇺ、ㇽ、ㇷ゚などのように、普段日本語で使われていない
小さい文字で表記していますが、第2部「表現と文法」、第3部「付録」では、
ク、ム、ル、プのように普通の大きさで表記しています。

第2部

表現と文法

韓国語活用の基礎知識

（1）韓国語の活用について

第2部では、いよいよ「表現と文法」に入りますが、その前提として重要な韓国語の基礎知識をまとめてみます。

それは「用言の活用」ということです。用言には動詞や形容詞などがあり、用言の活用とは動詞、形容詞の活用のことです。

例えば、日本語の場合、動詞は「ウ段」、形容詞は「い」、形容動詞は「だ」で終わりますが、韓国語は動詞も形容詞（形容動詞を含む）もいずれも語尾は「다」で終わります。また、動詞や形容詞の活用もとてもよく似ているので、覚えやすいです。

コミュニケーションにおいて、単語レベルでもある程度意思疎通はできますが、活用が使いこなせると、会話の幅はもっと広がるはずです。本書に載っている文型をしっかり覚えておくと、書く、読む、話す、聞く力が伸びていくでしょう。

（2）活用の実際

韓国語の動詞や形容詞の活用の基本は日本語とあまり変わりません。つまり、基本形は語幹と語尾から成り立ち、語尾がいろいろ活用します。

「가다（行く）」「먹다（食べる）」「좋다（よい）」の場合を見てみると、韓国語の場合、動詞も形容詞も語尾は全部「다」で終わります。語尾の「다」を取って残る「가」「먹」「좋」が語幹になります。語幹は変化しない部分です。活用するのは語尾の部分だけで、本書の第2部表現と文法では、いずれも語尾の活用を提示しています。

では、実際、韓国語の活用はどのように行われるかを見てみましょう。

意味	基本形 活用語尾	가다（行く） 語幹：가（行） 語尾：다（く）	먹다（食べる） 語幹：먹（食べ） 語尾：다（る）	좋다（よい） 語幹：좋（よ） 語尾：다（い）	本書の該当箇所
丁寧	-아요/어요 （～です・ます）	가요 （行きます）	먹어요 （食べます）	좋아요 （いいです）	⑫⑭
願望	-고 싶어요 （～たいです）	가고 싶어요 （行きたいです）	먹고 싶어요 （食べたいです）	—	⑥
否定	-지 않아요 （～ません）	가지 않아요 （行きません）	먹지 않아요 （食べません）	좋지 않아요 （よくありません）	⑯
仮定	-(으) 면 （～すれば）	가면 （行けば）	먹으면 （食べれば）	좋으면 （よければ）	㉗

（3）「陽母音語幹」と「陰母音語幹」

韓国語の活用において、大事なのが「陽母音語幹」と「陰母音語幹」です。「陽母音語幹」とは、語幹の最後の文字の母音が「ㅏ,ㅗ,ㅑ」のうち、いずれかの場合です。たとえば、「가다（行く）」は語幹の「가」に「ㅏ」という母音が入っているので、陽母音語幹の語です。また、「좋다（よい）」も、語幹の「좋」に「ㅗ」という母音が入っているので、陽母音語幹の語になります。

他方、「陰母音語幹」とは、語幹の最後の文字の母音が「ㅏ,ㅗ,ㅑ」でない場合です。「먹다（食べる）」は語幹の「먹」の母音が「ㅓ」で、「ㅏ,ㅗ,ㅑ」に当たらないので、「陰母音語幹」の語になります。

他にも、動詞や形容詞などの活用をしっかり理解するために、47ページの「(5) 韓国語活用の基本用語」を覚えておくと、何かと便利です。

(4) 3種類の活用

韓国語の動詞や形容詞などの活用は大きく分けて次の３種類があります。

①固定系：用言の語幹の最後の文字のパッチムの有無に関係なく、同じように活用するパターン。

〈例〉가다-가고 싶어요, 먹다-먹고 싶어요
（カダ-カゴ シポヨ、モクタ-モッコ シポヨ）
母音語幹　子音語幹

②母音子音系：用言の語幹が母音で終わるか子音で終わるかによって、つく形が異なるパターン。母音語幹（パッチムなし）の場合はそのままで、子音語幹（パッチムあり）の場合は「으」をつける。

〈例〉가다-가면　먹다-먹으면　좋다-좋으면
（カダ-カミョン　モクタ-モグミョン　チョタ-チョウミョン）
母音語幹　子音語幹　子音語幹

③陰陽系：用言の語幹の最後の文字の母音が陽母音か陰母音かによって、つく形が異なるパターン。陽母音語幹（ㅏ,ㅗ,ㅑ）の場合は「아」、陰母音語幹（ㅏ,ㅗ,ㅑでない）の場合は「어」をつける。

〈例〉가다-（가아요→）가요　먹다-먹어요　좋다-좋아요
（カダ-（カアヨ→）カヨ　モクタ-モゴヨ　チョタ-チョアヨ）
陽母音語幹　陰母音語幹　陽母音語幹

（5）韓国語活用の基本用語

動詞や形容詞などの活用の勉強のために、基本的な下記の用語を覚えておくと、何かと便利です。

用語	解　説	例
用言	・活用する語。 ・韓国語の場合、動詞・形容詞・存在詞・指定詞がある。	
基本形	・辞書に載っている言い切りの形。 ・「原形」とも言われる。 ・用言の基本型はいずれも語尾は「-다（タ）」で終わる。	
	〈動詞〉 ・動作や状態などを表す単語。 ・「좋아하다（チョアハダ）（好きだ）」は動詞。	가다（カダ）（行く） 먹다（モクタ）（食べる） 알다（アルダ）（知る・わかる）
	〈形容詞〉 ・物事の性質や状態を表す単語。 ・日本語の形容動詞も韓国語では形容詞扱い。	좋다（チョタ）（よい） 조용하다（チョヨンハダ）（静かだ）

用語	解　説	例
基本形	〈存在詞〉 ・存在の有無を表す単語。 ・時には動詞、時には形容詞と同じ活用をする。 ・「있다(イッタ)(ある・いる)」と「없다(オプタ)(ない・いない)」の2語のみ。 ・「맛있다(マシッタ)(おいしい)」「재미없다(チェミオプタ)(つまらない)」などのように「-있다(イッタ)」「-없다(オプタ)」のつく形容詞も同じ活用をする。	있다(イッタ)(ある・いる) 없다(オプタ)(ない・いない)
	〈指定詞〉 ・指定する単語。 ・一部を除いて、形容詞とほぼ同じ活用をする。 ・「-이다(イダ)(～である)」と「아니다(アニダ)(～でない)」の2語のみ。	-이다(イダ)(～である) 아니다(アニダ)(～でない)
語幹	基本形で語尾の「-다(タ)」をとって、残っている形。	가다(カダ)(行く) 먹다(モクタ)(食べる) 좋다(チョタ)(よい)
語尾	・基本形の語幹をとって、残っている形。 ・いずれも「-다(タ)」。	가다(カダ)(行く) 먹다(モクタ)(食べる) 좋다(チョタ)(よい)
母音語幹	語幹の最後の文字が母音で終わるもの。(語幹末にパッチムなし)	가다(カダ)(行く) 나쁘다(ナップダ)(悪い)
陽母音語幹	語幹の最後の文字の母音が「ㅏ、ㅗ、ㅑ」の場合。	가다(カダ)(行く) 좋다(チョタ)(よい)
陰母音語幹	語幹の最後の文字の母音が「ㅏ、ㅗ、ㅑ」でない場合。	먹다(モクタ)(食べる) 웃다(ウッタ)(笑う)

用語	解　説	例
子音語幹	語幹の最後の文字が子音〈ㄹ（リウル）を除く〉で終わるもの。（語幹末にパッチムあり）	먹다（モクタ）（食べる） 좋다（チョタ）（よい）
ㄹ語幹	語幹の最後の文字がㄹ（リウル）で終わるもの。	알다（アルダ）（知る・わかる） 달다（タルダ）（甘い）
正則	・動詞や形容詞の活用形式のうち、その語形変化が規則通りに活用するもの。	먹다（モクタ）（食べる） 좋다（チョタ）（よい）
変則 （不規則）	・動詞や形容詞の活用形式のうち、その語形変化が特殊あるいはやや特殊なもの。 ・語幹末がㅂ（ピウプ）、ㄷ（ティグッ）、ㅅ（シオッ）、ㅎ（ヒウッ）、르（ル）、으（ウ）などで終わる動詞・形容詞の一部。	맵다（メプタ）（辛い） 듣다（トゥッタ）（聞く） 낫다（ナッタ）（治る） 파랗다（パラタ）（青い） 빠르다（ッパルダ）（速い） 쓰다（ッスダ）（書く）
해요体（ヘヨたい）	・日本語の「～ます、～です」に当たる語尾のうち、「-아요（アヨ）/어요（オヨ）」で終わるもの。 ・「합니다体（ハムニダたい）」よりくだけた表現。	좋아요（チョアヨ）　먹어요（モゴヨ） 안녕하세요（アンニョンハセヨ）?
합니다体（ハムニダたい）	・日本語の「～ます、～です」に当たる語尾のうち、「-ㅂ니다（プニダ）/습니다（スムニダ）」で終わるもの。 ・よりかしこまった丁寧な表現。 ・格式体とも言われる。	갑니다（カムニダ） 먹습니다（モクスムニダ） 좋습니다（チョスムニダ） 안녕하십니까（アンニョンハシムニッカ）?

여기가 한강입니까?

ヨギガ　ハンガンイムニッカ

ここが漢江ですか。

(～です／ですか)〈합니다体①〉

ハムニダ

基本例文

TRACK 23

❶ A:여기가 한강입니까 ?
ここが漢江ですか。

B:네 , 한강입니다 .
はい、漢江です。

❷ A:그것은 영어 책입니까 ?
それは英語の本ですか。

B:네 , 이것은 영어 책입니다 .
はい、これは英語の本です。

❸ A:그 책도 교과서입니까 ?
その本も教科書ですか。

B:아뇨 , 교과서가 아닙니다 .
いいえ、教科書ではありません。

❹ A:한국은 처음입니까 ?
韓国は初めてですか。

B:아뇨 , 처음이 아닙니다 .
いいえ、初めてではありません。

語句

❶□여기:ここ□ - 가:～が□한강［漢江］ハンガン＊ソウルの真ん中を流れる川□ - 입니까 ?:～ですか□네：はい□ - 입니다：～です　❷□그것：それ□ - 은：～は□영어 책［英語 冊］：英語の本＊韓国語の場合、名詞と名詞をつなげるとき、「～の」に当たる「- 의」を省くことが多い□이것：これ　❸□그：その□ - 도：～も□교과서［教科書］□아뇨：いいえ□ - 가 아닙니다：～ではありません　❹□한국［韓国］□처음：初めて□ - 이 아닙니다：～ではありません

文法ポイント

体言＋입니다（イムニダ）/ 입니까（イムニッカ）?

～です／ですか〈합니다（ハムニダ）体①〉

体言に「-입니다（イムニダ）」をつけると「노트입니다（ノトゥイムニダ）（ノートです）」「책입니다（チェギムニダ）（本です）」などのように丁寧な表現になります。体言の最後の文字のパッチムの有無に関係なく「-입니다（イムニダ）」をつけます。

また、「～ですか」という疑問表現は、「노트입니까（ノトゥイムニッカ）?（ノートですか）」「책입니까（チェギムニッカ）?（本ですか）」のように、「-입니까（イムニッカ）?」をつけます。

노트입니다（ノトゥイムニダ） → **노트**입니까（ノトゥイムニッカ）?
ノートです → ノートですか

책입니다（チェギムニダ） → **책**입니까（チェギムニッカ）?
本です → 本ですか

また、否定の「～ではありません」に当たる表現は「-이/가 아닙니다（イ/ガ アニムニダ）」です。パッチムのない体言には「-가 아닙니다/아닙니까?（ガ アニムニダ/アニムニッカ）」、パッチムのある体言には「-이 아닙니다/아닙니까?（イ アニムニダ/アニムニッカ）」をつけます。

노트가 아닙니다（ノトゥガ アニムニダ）
ノートではありません

책이 아닙니까（チェギ アニムニッカ）?
本ではありませんか

基本例文の発音　[　]の中は発音通りのハングル表記

❶□여기가（ヨギガ）□한강입니까?（ハンガンイムニッカ）[한강임니까] □네（ネ）□한강입니다（ハンガンイムニダ）[한강임니다]
❷□그것은（クゴスン）[그거슨] □영어（ヨンオ）□책입니까?（チェギムニッカ）[채김니까] □이것은（イゴスン）[이거슨] □책입니다（チェギムニダ）[채김니다]
❸□그 책도（ク チェクト）[그책또] □교과서입니까?（キョグヮソイムニッカ）[교과서임니까] □아뇨（アニョ）□교과서가（キョグヮソガ）□아닙니다（アニムニダ）[아님니다]
❹□한국은（ハンググン）[한구근] □처음입니까?（チョウミムニッカ）[처으밈니까] □처음이（チョウミ）[처으미]

> 🐻 「〜です」は「-입니다」、「〜ですか」は「-입니까?」！最後の文字だけ変えればいいか！

体言の終わり	〜ですか	〜です	〜ではありません	
パッチム〈有無〉	**-입니까?** (イムニッカ)	**-입니다** (イムニダ)	**-이/가 아닙니다** (イガ アニムニダ)	
노트 (ノート) ノトゥ	無	노트입니까? (ノートですか)	노트입니다 (ノートです)	노트가 아닙니다 (ノートではありません)
어제 (昨日) オジェ	無	어제입니까? (昨日ですか)	어제입니다 (昨日です)	어제가 아닙니다 (昨日ではありません)
김치 (キムチ) キムチ	無	김치입니까? (キムチですか)	김치입니다 (キムチです)	김치가 아닙니다 (キムチではありません)
책 (本) チェク	有	책입니까? (本ですか)	책입니다 (本です)	책이 아닙니다 (本ではありません)
오늘 (今日) オヌル	有	오늘입니까? (今日ですか)	오늘입니다 (今日です)	오늘이 아닙니다 (今日ではありません)
비빔밥 (ビビンバ) ビビンバプ	有	비빔밥입니까? (ビビンバですか)	비빔밥입니다 (ビビンバです)	비빔밥이 아닙니다 (ビビンバではありません)

練習1 次の表現を例のように直してみましょう。

例 김치 (キムチ) キムチ	김치입니까? (キムチですか) キムチイムニッカ	김치입니다 (キムチです) キムチイムニダ	김치가 아닙니다 (キムチではありません) キムチガ アニムニダ
신문 (新聞) シンムン			
잡지 (雑誌) チャプチ			
노래 (歌) ノレ			
오늘 (今日) オヌル

練習 2 日本語に直してみましょう。

(1)생일은 토요일입니까?(생일(センイル):誕生日、토요일(トヨイル):土曜日)

(2)이것은 비빔밥입니다.(이것(イゴッ):これ、비빔밥(ピビムパプ):ビビンバ)

(3)저기가 남대문시장입니까?(남대문시장(ナムデムンシジャン):南大門市場)

(4)그것은 한국 드라마가 아닙니까?(한국(ハングク):韓国、드라마(トゥラマ):ドラマ)

練習 3 韓国語に直してみましょう。(「-입니까?/입니다」を使って)

(1)今日は誕生日です。(今日:오늘(オヌル)、誕生日:생일(センイル))

(2)それはトッポキですか。(それ:그것(クゴッ)、トッポキ:떡볶이(ットッポッキ))

(3)あそこが南山ですか。(あそこ:저기(チョギ)、南山:남산(ナムサン))

(4)これはオイキムチではありません。(オイキムチ:오이김치(オイキムチ))

暮らしの韓国語単語 1〈指示語〉

この	その	あの	どの	ここ	そこ	あそこ	どこ
이(イ)	그(ク)	저(チョ)	어느(オヌ)	여기(ヨギ)	거기(コギ)	저기(チョギ)	어디(オディ)
これ	それ	あれ	どれ				
이것(イゴッ)	그것(クゴッ)	저것(チョゴッ)	어느것(オヌゴッ)				

*両者がすでに知っていることについては「그、거기、그것」を使います。

2

이것도 한국어 책이에요?

イ　ゴット　ハングゴ　チェギエヨ

これも韓国語の本ですか。

(〜です／ですか)〈해요体①〉

基本例文

TRACK 24

❶ A:이것도 한국어 책이에요 ?
これも韓国語の本ですか。

B:네 , 한국어 책이에요 .
はい、韓国語の本です。

❷ A:여기가 남산이에요 ?
ここが南山ですか。

B:네 , 남산이에요 .
はい、南山です。

❸ A:그것은 깍두기예요 ?
それはカクテギですか。

B:아뇨 , 깍두기가 아니에요 .
いいえ、カクテギではありません。

❹ A:한국은 처음이에요 ?
韓国は初めてですか。

B:아뇨 , 처음이 아니에요 .
いいえ、初めてではありません。

語句

❶□이것：これ□ - 도：〜も□ - 이에요 ?：〜ですか□ - 이에요：〜です　❷□여기：ここ□남산［南山］：ナㇺサン*ソウル都心の山　❸□그것：それ□깍두기：カクテキ*大根のキムチ漬け□ - 예요 ?：〜ですか□ - 가 아니에요：〜ではありません　❹□처음：初めて□ - 이 아니에요：〜ではありません

文法ポイント

体言＋예요 / 이에요？

～です／ですか〈해요体①〉

「～です」に当たる表現には「-입니다」以外に、会話などでよく使われる「-예요」と「-이에요」というのがあります。「-입니다」に比べて柔らかい感じがし、女性や若い人が好んで使います。

「우유예요（牛乳です）」「빵이에요（パンです）」のように、直前の文字にパッチムがなければ「-예요」、パッチムがあれば「-이에요」をつけます。

また、疑問表現は、「우유예요？（牛乳ですか）」「빵이에요？（パンですか）」のように、書くときは「？」をつけ、話すときはしり上がりの発音をします。

パッチム 何 があれば「言えよ！」だね！

母音終わり（パッチムなし）
우유예요（?）
牛乳です（か）

子音終わり（パッチムあり）
빵이에요（?）
パンです（か）

また、否定の「名詞＋ではありません」は「（パッチムなし＋）가/（パッチムあり＋）이 아니에요」です。

우유 → **우유**가 아니에요（?）　**빵** → **빵**이 아니에요（?）
牛乳　牛乳ではありません（か）　パン　パンではありません（か）

基本例文の発音　［　］の中は発音通りのハングル表記

❶□이것도［이걷또］□한국어［한구거］□책이에요？［채기에요］□네
□책이에요 ❷□여기가□남산이에요？［남사니에요］❸□그것은［그거슨］
□깍 두기예요？［깍뚜기에요］□아뇨□깍 두기가 아니에요 ❹한국은［한구근］
처음이에요？［처으미에요］□처음이［처으미］□아니에요

トレーニング

「～では」に当たる
「-이 /가」はもともと
「-が」という助詞だね。

〈-예요/이에요, -이/가 아니에요〉

名詞の最後の文字	～です	～ではありません
母音終わり	エヨ -예요	ガ ア ニ エ ヨ -가 아니에요
ノトゥ 노트 (ノート)	노트예요 (ノートです)	노트가 아니에요 (ノートではありません)
オジェ 어제 (昨日) + ?	어제예요? (昨日ですか)	어제가 아니에요? (昨日ではありませんか)
チャプチェ 잡채 (チャプチェ)	잡채예요 (チャプチェです)	잡채가 아니에요 (チャプチェではありません)
子音終わり	イ エ ヨ -이에요	イ ア ニ エ ヨ -이 아니에요
チェク 책 (本)	책이에요 (本です)	책이 아니에요 (本ではありません)
オ ヌ ル 오늘 (今日) + ?	오늘이에요? (今日ですか)	오늘이 아니에요? (今日ではありませんか)
ピビンパブ 비빔밥 (ビビンバ)	비빔밥이에요 (ビビンバです)	비빔밥이 아니에요 (ビビンバではありません)

練習 1 次の表現を例のように直してみましょう。(+?のものは疑問文に)

例 キムチ 김치 (キムチ)	キムチエヨ 김치예요 (キムチです)	キムチガ ア ニ エ ヨ 김치가 아니에요 (キムチではありません)
シンムン 신문 (新聞)		
チャプチ 잡지 (雑誌) + ?		
ノ レ 노래 (歌)		
オ ヌ ル 오늘 (今日) + ?		
ットクポッキ 떡볶이 (トッポキ)		

練習 2 日本語に直してみましょう。

(1) 생일은 오늘이에요?(생일(センイル):誕生日、오늘(オヌル):今日)

(2) 그것은 잡채예요.(그것(クゴッ):それ、잡채(チャプチェ):チャプチェ)

(3) 여기가 우리 회사예요.(여기(ヨギ):ここ、우리(ウリ):私たち、うちの、회사(フェサ):会社)

(4) 이것은 한국 드라마가 아니에요?(한국(ハングク):韓国、드라마(トゥラマ):ドラマ)

練習 3 韓国語に直してみましょう。(「-예요 (?) /이에요 (?)」を使って)

(1) 明日は誕生日です。(明日:내일(ネイル)、誕生日:생일(センイル))

(2) それはキムパですか。(それ:그것(クゴッ)、キムパ:김밥(キムパプ))

(3) あそこが漢江ですか。(あそこ:저기(チョギ)、漢江:한강(ハンガン))

(4) これはラーメンではありません。(これ:이것(イゴッ)、ラーメン:라면(ラミョン))

暮らしの韓国語単語 2〈読み物〉

本	ノート	辞書	教科書	新聞	雑誌	小説
チェク 책	ノトゥ 노트	サジョン 사전	キョグヮソ 교과서	シンムン 신문	チャプチ 잡지	ソソル 소설

＊「책」は漢字語で「冊」と書きます。

약국은 저기에 있습니다.

ヤックグン チョギエ イッスムニダ

薬局はあそこにあります。

（あります・います／ありますか・いますか、ありません・いません／ありませんか・いませんか）〈합니다(ハムニダ)体②〉

基本例文

TRACK 25

❶ A:약국은 어디에 있습니까?
薬局はどこにありますか。

B:약국은 저기에 있습니다.
薬局はあそこにあります。

❷ A:이 근처에 백화점은 없습니까?
この近くにデパートはありませんか。

B:지하철 역 앞에 있습니다.
地下鉄の駅の前にあります。

❸ A:오늘 오후에 시간 있습니까?
今日の午後、時間ありますか。

B:오후에는 시간이 없습니다.
午後は時間がありません。

❹ A:동생이 있습니까?
弟・妹がいますか。

B:여동생하고 남동생이 있습니다.
妹と弟がいます。

語句

❶□약국［薬局］□어디：どこ □-에：～に□있습니까?：ありますか、いますか＊있다の합니다体の疑問形□저기：あそこ□있습니다：あります、います＊있다の합니다体の平叙形
❷□이：この□근처［近処］：近く、近所□백화점［百貨店］：デパート□없습니까?：ありませんか、いませんか＊없다の합니다体の疑問形□지하철［地下鉄］□역［駅］□앞：前
❸□오후［午後］□시간［時間］□없습니다：ありません、いません＊없다の합니다体の平叙形
❹□여동생［女同生］：妹□-하고：～と＊おもに話しことばで使う。□남동생［男同生］：弟

文法ポイント

있습니다(イッスムニダ)　없습니다(オプスムニダ)

ありります・います／ありますか・いますか、ありません・いません／
ありませんか・いませんか〈합니다(ハムニダ)体②〉

日本語の場合「ある」と「いる」の区別がありますが、韓国語の場合は「ある」も「いる」も「있다(イッタ)」、「ない」も「いない」も「없다(オプッタ)」と言います。また、丁寧な形の「あります」「います」は「있습니다(イッスムニダ)」、「ありません」「いません」は「없습니다(オプスムニダ)」、疑問形は「있습니까?(イッスムニッカ)」、「없습니까?(オプスムニッカ)」と言います。

있다(イッタ)	→	**있습니다**(イッスムニダ)	→	**있습니까?**(イッスムニッカ)
ある・いる		あります・います		ありますか・いますか
없다	→	**없습니다**(オプッスムニダ)	→	**없습니까?**(オプッスムニッカ)
ない・いない		ありません・いません		ありませんか・いませんか

なお、「～は」に当たる助詞の「-은/는(ウン/ヌン)」は、前の名詞の最後の文字にパッチムがある場合は「-은(ウン)」が、パッチムがない場合は「-는(ヌン)」がつきます。

基本例文の発音　［　］の中は発音通りのハングル表記

❶□약국은(ヤックグン)［약꾸근］□어디에(オディエ)□있습니까?(イッスムニッカ)［읻씀니까］□저기에(チョギエ)□있습니다(イッスムニダ)［읻씀니다］❷□근처에(クンチョエ)□백화점은(ペクヮジョムン)［배콰저믄］□없습니까?(オプスムニッカ)［업씀니까］□지하철(チハチョル)□역 앞에(ヨガペ)［여가페］❸□오늘(オヌル)□오후에(オフエ)□시간(シガン)□오후에는(オフエヌン)□시간이(シガニ)［시가니］□없습니다(オプスムニダ)［업씀니다］❹□동생이(トンセンイ)□여동생하고(ヨドンセンハゴ)□남동생이(ナムドンセンイ)

「あります」も「います」も
「있습니다」なの？へぇ〜！

トレーニング

（1）〈있습니다（イッスムニダ）：あります・います／있습니까（イッスムニッカ）？：ありますか・いますか〉

日本語	韓国語	例
あります	있습니다（イッスムニダ）	시간이 있습니다（時間があります）
います		친구가 있습니다（友だちがいます）
ありますか	있습니까？（イッスムニッカ）	시간이 있습니까？（時間がありますか）
いますか		친구가 있습니까？（友だちがいますか）

（2）〈없습니다（オプスムニダ）：ありません・いません、없습니까（オプスムニッカ）？：ありませんか・いませんか〉

ありません	없습니다（オプスムニダ）	시간이 없습니다（時間がありません）
いません		친구가 없습니다（友だちがいません）
ありませんか	없습니까？（オプスムニッカ）	시간이 없습니까？（時間がありませんか）
いませんか		친구가 없습니까？（友だちがいませんか）

練習 1 次の表現を例のように直してみましょう。

例 김치（キムチ）（キムチ）	김치가（キムチガ） 있습니다（イッスムニダ）/없습니다（オプスムニダ）（キムチがあります／ありません）
신문（シンムン）（新聞）＋？	
언니（オンニ）（姉）	
노래（ノレ）（歌）	
강아지（カンアジ）（子犬）＋？	
비빔밥（ビビンパプ）（ビビンバ）	

練習 2 日本語に直してみましょう。

(1) 김치가 있습니까?(김치：キムチ)

(2) 여기에 비빔밥이 있습니다.(여기：ここ、비빔밥：ビビンバ)

(3) 바나나우유는 없습니까?(바나나우유：バナナ牛乳)

(4) 오늘은 약속이 없습니다.(오늘：今日、약속：約束)

練習 3 韓国語に直してみましょう。(「있습니다/있습니까?、없습니다/없습니까?」を使って)

(1) 午後に時間がありますか。(時間：시간)

(2) あそこにデパートがあります。(あそこ：저기、デパート：백화점)

(3) ジュースはありませんか。(ジュース：주스)

(4) 今日、宿題はありません。(宿題：숙제)

暮らしの韓国語単語 3〈場所①〉

薬局	駅	空港	百貨店	コンビニ	食堂	学校	市場
ヤックク	ヨク	コンハン	ペクヮジョム	ピョニジョム	シクタン	ハッキョ	シジャン
약국	역	공항	백화점	편의점	식당	학교	시장

*コンビニは「**편의점**(便宜店)」と言いますが、当初は「**24시간 편의점**(24時間便宜店)」という表現が使われていました。

영화관은 어디에 있어요?

ヨンフヮグヮヌン　オディエ　イッソヨ

映画館はどこにありますか。

（あります・います、ありません・いません）〈해요体②〉

基本例文

TRACK 26

❶ A:영화관은 어디에 있어요?
映画館はどこにありますか。

B:학교 옆에 있어요.
学校の隣にあります。

❷ A:언니와 오빠가 있어요?
姉と兄がいますか。

B:네, 언니하고 오빠가 있어요.
はい、姉と兄がいます。

❸ A:오늘 약속이 있어요?
今日、約束がありますか。

B:오늘은 약속이 없어요.
今日は約束がありません。

❹ A:내일 표 없어요?
明日のチケット、ありませんか。

B:내일 표는 없어요.
明日のチケットはありません。

語句

❶□영화관［映画館］□있어요?:ありますか、いますか＊있다の해요体の疑問形□학교［学校］□옆:隣、横□있어요:あります、います＊있다の해요体の平叙形　❷□언니:（妹から見て）姉□-와:～と□오빠:（妹から見て）兄□-가:～が□-하고:～と＊おもに話しことばで使う。❸약속［約束］□없어요:ありません、いません＊없다の해요体の平叙形　❹□내일［来日］:明日□표［票］:チケット□없어요?:ありませんか、いませんか＊없다の해요体の疑問形□-는:～は

<ruby>있<rt>イッ</rt></ruby><ruby>어<rt>ソ</rt></ruby><ruby>요<rt>ヨ</rt></ruby>　<ruby>없<rt>オプ</rt></ruby><ruby>어<rt>ソ</rt></ruby><ruby>요<rt>ヨ</rt></ruby>

あります・います、ありません・いません〈<ruby>해<rt>ヘ</rt></ruby><ruby>요<rt>ヨ</rt></ruby>体②〉

---

❸に「あります・います、ありません・いません」に当たる「<ruby>있<rt>イッスム</rt></ruby><ruby>습<rt></rt></ruby><ruby>니<rt>ニ</rt></ruby><ruby>다<rt>ダ</rt></ruby>/<ruby>없<rt>オプスム</rt></ruby><ruby>습<rt></rt></ruby><ruby>니<rt>ニ</rt></ruby><ruby>다<rt>ダ</rt></ruby>」がありましたね。同じ意味で、会話などではよく使われる「<ruby>있<rt>イッ</rt></ruby><ruby>어<rt>ソ</rt></ruby><ruby>요<rt>ヨ</rt></ruby>」と「<ruby>없<rt>オプ</rt></ruby><ruby>어<rt>ソ</rt></ruby><ruby>요<rt>ヨ</rt></ruby>」というのがあります。

なお、疑問形は「<ruby>있<rt>イッ</rt></ruby><ruby>어<rt>ソ</rt></ruby><ruby>요<rt>ヨ</rt></ruby>?」「<ruby>없<rt>オプ</rt></ruby><ruby>어<rt>ソ</rt></ruby><ruby>요<rt>ヨ</rt></ruby>?」と字面は同じですが、会話では、しり上りの発音をします。

<ruby>있<rt>イッ</rt></ruby><ruby>다<rt>タ</rt></ruby> →	<ruby>있<rt>イッ</rt></ruby><ruby>어<rt>ソ</rt></ruby><ruby>요<rt>ヨ</rt></ruby> →	<ruby>있<rt>イッ</rt></ruby><ruby>어<rt>ソ</rt></ruby><ruby>요<rt>ヨ</rt></ruby>？
ある・いる	あります・います	ありますか・いますか

<ruby>없<rt>オプ</rt></ruby><ruby>다<rt>タ</rt></ruby> →	<ruby>없<rt>オプ</rt></ruby><ruby>어<rt>ソ</rt></ruby><ruby>요<rt>ヨ</rt></ruby> →	<ruby>없<rt>オプ</rt></ruby><ruby>어<rt>ソ</rt></ruby><ruby>요<rt>ヨ</rt></ruby>？
ない・いない	ありまん・いません	ありませんか・いませんか

また、「〜が」に当たる助詞の「-<ruby>이<rt>イ</rt></ruby>/<ruby>가<rt>カ</rt></ruby>」は、前の名詞の最後の文字にパッチムがある場合は「-<ruby>이<rt>イ</rt></ruby>」が、パッチムがない場合は「-<ruby>가<rt>カ</rt></ruby>」がつきます。

基本例文の発音 ［ ］の中は発音通りのハングル表記

❶<ruby>영화관은<rt>ヨンフヮグヮヌン</rt></ruby> ［영화과는］ □<ruby>있<rt>イッ</rt></ruby><ruby>어<rt>ソ</rt></ruby><ruby>요<rt>ヨ</rt></ruby>? ［이써요］ □<ruby>학교<rt>ハッキョ</rt></ruby> <ruby>옆에<rt>ヨペ</rt></ruby> ［학꾜여페］ □<ruby>있<rt>イッ</rt></ruby><ruby>어<rt>ソ</rt></ruby><ruby>요<rt>ヨ</rt></ruby> ［이써요］ ❷□<ruby>언니와<rt>オンニワ</rt></ruby>□<ruby>오빠가<rt>オッパガ</rt></ruby>□<ruby>언니하고<rt>オンニハゴ</rt></ruby> ❸□<ruby>약속이<rt>ヤクソギ</rt></ruby> ［약쏘기］ □<ruby>오늘은<rt>オヌルン</rt></ruby> ［오느른］ □<ruby>없<rt>オプ</rt></ruby><ruby>어<rt>ソ</rt></ruby><ruby>요<rt>ヨ</rt></ruby>? ［업써요］ ❹□<ruby>내일<rt>ネイル</rt></ruby>□<ruby>표는<rt>ピョヌン</rt></ruby>□<ruby>없<rt>オプ</rt></ruby><ruby>어<rt>ソ</rt></ruby><ruby>요<rt>ヨ</rt></ruby> ［업써요］

トレーニング

「ありますも「いますも「있어요（イッソヨ）」だね！簡単！

(1)〈있어요：あります・います／있어요？：ありますか・いますか〉

日本語	韓国語	例
あります	있어요（イッソヨ）	시간이 있어요　時間があります
います		친구가 있어요　友だちがいます
ありますか	있어요？（イッソヨ）	시간이 있어요？　時間がありますか
いますか		친구가 있어요？　友だちがいますか

(2)〈없어요：ありません・いません／없어요？：ありませんか・いませんか〉

ありません	없어요（オプソヨ）	시간이 없어요　時間がありません
いません		친구가 없어요　友だちがいません
ありませんか	없어요？（オプソヨ）	시간이 없어요？　時間がありませんか
いませんか		친구가 없어요？　友だちがいませんか

練習1 次の表現を例のように直してみましょう。

例 김치（キムチ）（キムチ）	김치가 있어요/없어요（キムチガ イッソヨ オプソヨ）（キムチがあります／ありません）
잡지（チャプチ）（雑誌）	
빵（ッパン）（パン）＋？	
오빠（オッパ）（兄）	
시간（シガン）（時間）＋？	
누나（ヌナ）（姉）＋？	

練習 2 日本語に直してみましょう。

(1) 오늘 저녁에 약속이 있어요?（오늘（オヌル）：今日、저녁（チョニョク）：夕方、夜、약속（ヤクソク）：約束）

(2) 여동생하고 남동생이 있어요.（여동생（ヨドンセン）:妹、-하고（ハゴ）:～と、남동생（ナムドンセン）:弟）

(3) 사이다와 콜라는 없어요?（사이다（サイダ）：サイダー、콜라（コルラ）：コーラ）

(4) 일요일에 수업은 없어요.（일요일（イリョイル）：日曜日、수업（スオプ）：授業）

練習 3 韓国語に直してみましょう。（「있어요(?)/ 없어요(?)」を使って）

(1) 午後に会議がありますか。（午後：오후（オフ）、会議：회의（フェイ））

(2) 韓国語の本があります。（韓国語：한국어（ハングゴ）、本：책（チェク））

(3) ここに絵本はありませんか。（ここ：여기（ヨギ）、絵本：그림책（クリムチェク））

(4) あそこにカラオケはありません。（あそこ：저기（チョギ）、カラオケ：노래방（ノレバン））

暮らしの韓国語単語 4〈疑問詞〉

いつ	どこで	だれが	何を	なぜ	どうやって	何
オンジェ 언제	オディソ 어디서	ヌガ 누가	ムオスル 무엇을	ウェ 왜	オットケ 어떻게	ミョッ 몇

＊「몇」はおもに「몇 명（何名）」「몇 시（何時）」「몇 개（何個）」など助数詞の前で使われます。

オ　ヌ　ルン　キョン　ボ　ックン　エ　カム　ニ　ダ
오늘은 경복궁에 갑니다.

今日は景福宮に行きます。

（～ます・～です）〈합니다体③〉（ハムニダ）

基本例文

TRACK 27

❶ A:오늘은 어디에 갑니까?
今日はどこに行きますか。

B:경복궁에 갑니다.
景福宮に行きます。

❷ A:점심에 무엇을 먹습니까?
お昼に何を食べますか。

B:삼계탕을 먹습니다.
サムゲタンを食べます。

❸ A:날씨가 좋습니까?
天気がいいですか。

B:아뇨, 날씨가 나쁩니다.
いいえ、天気が悪いです。

❹ A:생일이 언제입니까?
誕生日はいつですか。

B:오월 팔일입니다.
5月8日です。

語句

❶ 오늘：今日□갑니까?：行きますか*가다の합니다体の疑問形　□경복궁［景福宮］□갑니다：行きます*가다の합니다体の平叙形　❷□점심［点心］：昼ご飯□무엇：何□-을：～を□먹습니까?：食べますか*먹다の합니다体の疑問形□삼계탕［参鶏湯］：サムゲタン□먹습니다：食べます*먹다の합니다体の平叙形　❸□날씨：天気□좋습니까?：いいですか*좋다の합니다体の疑問形□나쁩니다：悪いです*나쁘다の합니다体の平叙形　❹□생일［生日］：誕生日□언제：いつ□입니까?：ですか*이다の합니다体の疑問形□오월［5月］□팔일［8日］□입니다です*이다の합니다体の平叙形

文法ポイント

-ㅂ니다(ムニダ) / 습니다(スムニダ)

～ます・～です〈합니다(ハムニダ)体③〉

日本語の「～ます、～です」に当たる韓国語の表現として「食べます」は「(a) 먹습니다(モクッスムニダ)」と「(b) 먹어요(モゴヨ)」、「いいです」は「(a) 좋습니다(チョッスムニダ)」と「(b) 좋아요(チョアヨ)」というように (a)「합니다(ハムニダ)体」と (b)「해요(ヘヨ)体」の2通りがあります。

(a)「합니다(ハムニダ)体」はよりかしこまった丁寧な表現で、格式体とも言います。

(b)「해요(ヘヨ)体」は打ち解けた丁寧な表現です。

「합니다(ハムニダ)体」は動詞や形容詞の語幹末にパッチムがない場合は「-ㅂ니다(ムニダ)」「-ㅂ니까?(ムニッカ)」を、パッチムがある場合は「-습니다(スムニダ)」「-습니까?(スムニッカ)」をつけます。

가다(カダ) → **갑**니다(カムニダ) → **갑**니까?(カムニッカ)

行く　　行きます　　行きますか

먹다(モクタ) → **먹**습니다(モクスムニダ) → **먹**습니까?(モクスムニッカ)

食べる　　食べます　　食べますか

基本例文の発音　[　] の中は発音通りのハングル表記

❶**오늘은**(オヌルン) [오느른] □**갑니까?**(カムニッカ) [감니까] □**경복궁에**(キョンボックンエ) [경복꿍에] □**갑니다**(カムニダ) [감니다] ❷□**점 심에**(チョムシメ) [점시메] □**무엇을**(ムオスル) [무어슬] □**먹습니까?**(モクスムニッカ) [먹씀니까] □**삼계탕을**(サムゲタンウル)□**먹습니다**(モクスムニダ) [먹씀니다] ❸□**날씨가**(ナルッシガ)□**좋습니까?**(チョスムニッカ) [조씀니까] □**나쁩니다**(ナップムニダ) [나쁨니다] ❹□**생일이**(センイリ) [생이리] □**언제입니까?**(オンジエイムニッカ) [언제임니까] □**오월**(オウォル)□**팔일입니다**(パリリムニダ) [파리림니다]

「パンニ　ハム　ハサムニダ」というギャグは「합니다」体だったね！

トレーニング

語幹	「합니다」体	
	～ますか・～ですか	～ます・～です
母音語幹	語幹＋ㅂ니까?（ムニッカ）	語幹＋ㅂ니다（ムニダ）
가다（カダ）（行く）	갑니까?（行きますか）	갑니다（行きます）
쉬 다（シュイダ）（休む）	쉽니까?（休みますか）	쉽니다（休みます）
조용하다（チョヨンハダ）（静かだ）	조용합니까?（静かですか）	조용합니다（静かです）
子音語幹	語幹＋습니까?（スムニッカ）	語幹＋습니다（スムニダ）
먹다（モクタ）（食べる）	먹습니까?（食べますか）	먹습니다（食べます）
받다（パッタ）（もらう）	받습니까?（もらいますか）	받습니다（もらいます）
좋다（チョタ）（よい）	좋습니까?（いいですか）	좋습니다（いいです）

練習 1　次の表現を例のように直してみましょう。

例　가다（カダ）（行く）	갑니까?（カムニッカ）（行きますか）	갑니다（カムニダ）（行きます）
오다（オダ）（来る）		
빠르다（ッパルダ）（速い）		
공부하다（コンブハダ）（勉強する）		
묵다（ムクタ）（泊まる）		
읽다（イクタ）（読む）		

練習 2　日本語に直してみましょう。

（1）오늘은 도서관에서 공부합니다 . (오늘^{オヌル}：今日、도서관^{トソグヮン}：図書館)

（2）전철이 택시보다 빠릅니다 . (전철^{チョンチョル} [電鉄]：電車、택시^{テクシ}：タクシー)

（3）내일은 무슨 호텔에 묵습니까? (내일^{ネイル}：明日、무슨^{ムスン}：何、묵다^{ムクタ}：泊まる)

（4）이 갈비는 맛있습니다 . (갈비^{カルビ}：カルビ、맛있다^{マシッタ}：おいしい)

練習 3　韓国語に直してみましょう。

（「 - ㅂ니다 / 습니다、ㅂ니까? / 습니까?」を使って）

（1）朝、何を食べますか。(朝：아침^{アチム} ＊訳は「아침에^{アチメ} (朝に)」)

（2）今、天気がいいですか。(今：지금^{チグム}、天気：날씨^{ナルシ}、よい：좋다^{チョタ})

（3）この公園は静かです。(公園：공원^{コンウォン}、静かだ：조용하다^{チョヨンハダ})

（4）最近、どんな本を読みますか。(最近：요즘^{ヨジュム}、どんな：어떤^{オットン})

暮らしの韓国語単語　**5**〈漢字語数詞　0 ～ 10〉

1	2	3	4	5	6	7	8	9	10	0
일^{イル}	이^イ	삼^{サム}	사^サ	오^オ	육^{ユク}	칠^{チル}	팔^{パル}	구^ク	십^{シプ}	공^{コン} [空] / 영^{ヨン} [零]

일곱 시에 만나고 싶어요.

イルゴプ　シエ　マンナゴ　シポヨ

7時に会いたいです。

(～たいです／たいですか)[願望]

基本例文

TRACK 28

❶ A:내일은 몇 시에 만나고 싶어요?
明日は何時に会いたいですか。

B:일곱 시에 만나고 싶어요.
7時に会いたいです。

❷ A:갈비를 먹고 싶어요?
カルビを食べたいですか。

B:네, 수원에서 먹고 싶어요.
はい、水原で食べたいです。

❸ A:주말에 뭘 하고 싶어요?
週末に何がしたいですか。

B:강남에서 놀고 싶어요.
江南で遊びたいです。

❹ A:무슨 선물을 받고 싶어 해요?
どんなプレゼントをもらいたがっていますか。

B:게임기를 받고 싶어 해요.
ゲーム機をもらいたがっています。

語句

❶□몇 시：何時□만나고 싶어요?：会いたいですか□일곱 시［-時］：7時□만나고 싶어요：会いたいです　❷□갈비：カルビ□먹고 싶어요?：食べたいですか□수원［水原］：スウォン＊ソウル近郊の地名。カルビが有名□먹고 싶어요：食べたいです　❸□주말［週末］□뭘：何が（←何を）□하고 싶어요?：したいですか□강남［江南］：カンナム＊ソウルの漢江の南側の地域□놀고 싶어요：遊びたいです　❹□무슨：どんな、何の□선물［膳物］：プレゼント□받고 싶어 해요?：もらいたがっていますか□게임기：ゲーム機□받고 싶어 해요：もらいたがっています

動詞の語幹＋고 싶어요（？）

～たいです／たいですか［願望］

「가고 싶어요（行きたいです）」「먹고 싶어요（（食べたいです）」などのように、動詞の語幹に「-고 싶어요」をつけると「～たいです」という意味になります。

疑問形は「가고 싶어요？（行きたいですか）」「먹고 싶어요？（食べたいですか）」のように文末に「？」をつけ、しり上がりの発音をします。

가다 → 가고 싶어요（?）　　가고 싶어 해요（?）

行く　　行きたいです（か）　　行きたがっています（か）

一方、話し手自身ではない第三者の願望を表すときは「가고 싶어 해요（行きたがっています）」「먹고 싶어 해요（食べたがっています）」などのように、動詞の語幹に「-고 싶어 해요」をつけます。

なお、「～を」に当たる助詞の「-을/를」は、前の名詞の最後の文字にパッチムがある場合は「-을」が、パッチムがない場合は「-를」がつきます。

また、場所を表す「～で」に当たる助詞は、前の名詞の最後の文字のパッチムの有無にかかわらず「-에서」をつけます。

基本例文の発音　［　］の中は発音通りのハングル表記

❶□내일은［내이른］□몇 시에［면씨에］□만나고 □싶어요？［시퍼요］□일곱 시에［일곱씨에］❷□갈비를 □먹고［먹꼬］□수원에서［수워네서］❸□주말에［주마레］□뭘 □하고 □강남에서［강나메서］□놀고 ❹□무슨 □선물을［선무를］□받고［받꼬］□싶어 해요？［시퍼해요］□게임기를

トレーニング

「行きたいです」は「가고 싶어요」だね！

基本形	語幹＋コ シポヨ 고 싶어요（～たいです）
ハッキョエ カダ 학교에 가다（学校に行く）	학교에 가고 싶어요（学校に行きたいです）
チョムシムル モクタ 점심을 먹다（昼ご飯を食べる）＋？	점심을 먹고 싶어요？（昼ご飯を食べたいですか）
ッパンウル マンドゥルダ 빵을 만들다（パンを作る）	빵을 만들고 싶어요（パンを作りたいです）
チェグル イクタ 책을 읽다（本を読む）＋？	책을 읽고 싶어요？（本を読みたいですか）
基本形	**語幹＋コ シポ ヘヨ 고 싶어 해요（～たがっています）**
トキョエ オダ 도쿄에 오다（東京に来る）	도쿄에 오고 싶어 해요（東京に来たがっています）
コンウォネソ ノルダ 공원에서 놀다（公園で遊ぶ）	공원에서 놀고 싶어 해요（公園で遊びたがっています）
ノレルル トゥッタ 노래를 듣다（歌を聞く）＋？	노래를 듣고 싶어 해요？（歌を聞きたがっていますか）

練習 1 次の表現を例のように直してみましょう。

例 カダ 가다（行く）	カゴ シポヨ 가고 싶어요 （行きたいです）	カゴ シポ ヘヨ 가고 싶어 해요 （行きたがっています）
ホテレ ムクタ 호텔에 묵다（ホテルに泊まる）		
パッケソ ノルダ 밖에서 놀다（外で遊ぶ）＋？		
チベソ コンブハダ 집에서 공부하다（家で勉強する）		
ネヨンウル アルダ 내용을 알다（内容を知る）		
サンウル パッタ 상을 받다（賞をもらう）＋？		

練習 2　日本語に直してみましょう。

(1) 친구를 만나고 싶어요.（친구（チング）: 友だち、만나다（マンナダ）: 会う）

(2) 노래를 부르고 싶어요.（노래（ノレ）: 歌、부르다（プルダ）: 歌う）

(3) 동생은 뭘 하고 싶어 해요?（동생（トンセン）: 弟・妹、뭘（ムォル）: 何を、하다（ハダ）: する）

(4) 미국에서 공부하고 싶어 해요.（미국（ミグク）: アメリカ、-에서（エソ）: ～で）

練習 3　韓国語に直してみましょう。（「-고 싶어요/싶어 해요(?)」を使って）

(1) 今日はどこに行きたいですか。（今日 : 오늘（オヌル）、どこ : 어디（オディ）、行く : 가다（カダ））

(2) お昼にビビンバを食べたいです。（お昼 : 점심（チョムシム）、ビビンバ : 비빔밥（ピビムパプ））

(3) ピアノを弾きたいです。（ピアノ : 피아노（ピアノ）、弾く : 치다（チダ））

(4) 公園で遊びたがっています。（公園 : 공원（コンウォン）、遊ぶ : 놀다（ノルダ））

暮らしの韓国語単語 6 〈固有語数詞 1 ～ 10〉

1	2	3	4	5	6	7	8	9	10
하나（ハナ）	둘（トゥル）	셋（セッ）	넷（ネッ）	다섯（タソッ）	여섯（ヨソッ）	일곱（イルゴプ）	여덟（ヨドル）	아홉（アホプ）	열（ヨル）
한（ハン）	두（トゥ）	세（セ）	네（ネ）						

後ろに～本、～匹、～枚などの助数詞が続くときは、「한、두、세、네」に変わります。

ヌ　ニ　ク　ゴ　イェッ　プ　ネ　ヨ

눈이 크고 예쁘네요.

目が大きくてきれいですね。

（～ますね・～ですね）［感嘆・同意・確認］

基本例文

TRACK 29

❶ A:저 배우는 눈이 크고 예쁘네요.
あの俳優は目が大きくてきれいですね。

B:키도 크고 멋있죠!?
身長も高くて素敵でしょう!?

❷ A:이 옷은 손님한테 참 잘 어울리네요.
この服はお客さんにとてもよく似合いますね。

B:색깔이 참 좋네요.
色合いが本当にいいですね。

❸ A:오늘도 비가 오네요.
今日も雨が降りますね。

B:글쎄요. 요즘 매일 비가 내리네요.
そうですね。最近、毎日、雨が降りますね。

❹ A:조카는 아직 대학생이네요.
甥はまだ、大学生ですね。

B:올해 졸업해요.
今年、卒業します。

語句

❶배우［俳優］□크고：大きくて□예쁘네요：きれいですね□키：身長□도：～も□멋있죠!?：素敵でしょう!?　❷□옷：服□손님：お客さん□한테：～に□어울리네요：似合いますね□색깔［色-］：色（合い）□참：とても□좋네요：いいですね　❸□오늘：今日□비：雨□오네요：（来ますね→）降りますね□글쎄요：そうですね□요즘：最近、近頃□매일［毎日］□내리네요：降りますね　❹□조카：甥□아직：まだ□대학생［大学生］□-이네요：～ですね□올해：今年□졸업해요：卒業します*졸업하다の해요体の平叙形

動詞・形容詞の語幹＋네요／名詞＋(이)네요

～ますね・～ですね［感嘆・同意・確認］

動詞や形容詞の語幹にパッチムの有無に関係なく「-네요」をつけると、「～ますね、～ですね」という意味になります。これは、話し手が知った事実について、改めて感嘆や驚きの気持ちを表すときに使います。

가다 → 가네요
行く　行きますね

좋다 → 좋네요
よい　よいですね

また、名詞の場合は最後の文字にパッチムがなければ「-네요」を、パッチムがあれば「-이네요」をつけます。

딸기 → 딸기네요
イチゴ　イチゴですね

수박 → 수박이네요
スイカ　スイカですね

基本例文の発音　［　］の中は発音通りのハングル表記

❶배우는□눈이［누니］□크고□예쁘네요□키도□멋있죠!?［머신쪼］　❷□옷은［오슨］□손님한테□참□잘□어울리네요□색깔이［색까리］□좋네요［존네요］　❸□오늘도□비가□오네요□글쎄요□요즘□매일□내리네요　❹□조카는□아직□대학생이네요□올해［오래］□졸업해요［조러패요］

トレーニング

「-네요」をつけると感嘆や同意の気持ちを表すヨネ！ 逆か！

基本形	「-네요」～ますね・～ですね
動詞	語幹＋네요
일본에 오다（日本に来る）	일본에 오네요（日本に来ますね）
책을 읽다（本を読む）	책을 읽네요（本を読みますね）
形容詞	語幹＋네요
음식이 짜다（料理がしょっぱい）	음식이 짜네요（料理がしょっぱいですね）
방이 따뜻하다（部屋が暖かい）	방이 따뜻하네요（部屋が暖かいですね）
名詞（パッチムの有無）	名詞＋네요/이네요
한국어 노트（韓国語のノート）	한국어 노트네요（韓国語のノートですね）
영어 책（英語の本）	영어 책이네요（英語の本ですね）

練習 1 次の表現を例のように直してみましょう。

例 음식이 짜다（料理がしょっぱい）	음식이 짜네요（料理がしょっぱいですね）
돈을 받다（お金をもらう）	
편지를 쓰다（手紙を書く）	
문제가 어렵다（問題が難しい）	
전주 비빔밥（チョンジュビビンバ）	

練習 2 日本語に直してみましょう。

(1) 이 옷은 좀 비싸네요.（옷（オッ）：服、좀（チョム）：ちょっと、비싸다（ピッサダ）：高い）

(2) 바다 경치가 참 좋네요.（바다（パダ）：海、경치（キョンチ）：景色、좋다（チョタ）：よい）

(3) 매일 열심히 공부하네요.（매일（メイル）：毎日、열심히（ヨルシミ）：一生懸命）

(4) 한글을 잘 쓰네요.（한글（ハングル）：ハングル、잘（チャル）：上手に、쓰다（ッスダ）：書く）

練習 3 韓国語に直してみましょう。（「-네요」を使って）

(1) このカルビはおいしいですね。（カルビ：갈비（カルビ）、おいしい：맛있다（マシッタ））

(2) 今日は雨がたくさん降りますね。（雨：비（ピ）、たくさん：많이（マニ）、降る：오다（オダ））

(3) このバラはきれいですね。（バラ：장미（チャンミ）、きれいだ：예쁘다（イェップダ））

(4) ここはタクシーが多いですね。（タクシー：택시（テクシ）、多い：많다（マンタ））

暮らしの韓国語単語 7〈身体部位名〉

体	顔	頭	目	鼻	耳	口	唇	歯
몸（モム）	얼굴（オルグル）	머리（モリ）	눈（ヌン）	코（コ）	귀（クィ）	입（イプ）	입술（イプスル）	이（イ）
首	腹	肩	胸	背中	腕	手	脚	足
목（モク）	배（ペ）	어깨（オッケ）	가슴（カスム）	등（トゥン）	팔（パル）	손（ソン）	다리（タリ）	발（パル）

8

ピ　ア　ノ　ルル　チ　ゴ　イ　ッソ　ヨ

피아노를 치고 있어요.

ピアノを弾いています。

(～しています／していますか)[動作の継続・進行]

基本例文

TRACK 30

❶ A:누나는 뭘 하고 있어요 ?
姉は何をしていますか。

B:피아노를 치고 있어요 .
ピアノを弾いています。

❷ A:언니는 뭘 만들고 있어요 ?
お姉さんは何を作っていますか。

B:밑반찬을 만들고 있어요 .
常備菜を作っています。

❸ A:지금 뭘 읽고 있어요 ?
今、何を読んでいますか。

B:소설을 읽고 있어요 .
小説を読んでいます。

❹ A:아직도 공원에서 놀고 있어요 ?
まだ、公園で遊んでいますか。

B:아뇨 , 지금 집에서 공부하고 있어요 .
いいえ、今、家で勉強しています。

語句

❶ □누나 : (弟から見て) 姉□뭘 (←무엇을) : 何を□하고 있어요 ? : していますか□피아노 : ピアノ□치고 있어요 : 弾いています ❷ □언니 : (妹から見て) 姉□만들고 있어요 ? : 作っていますか□밑반찬 [- 飯饌] : (下のおかず→) 常備菜□만들고 있어요 : 作っています ❸ □지금 : 今□뭘 (←무엇을) : 何を□읽고 있어요 ? : 読んでいますか□소설 [小説] □읽고 있어요 : 読んでいます ❹ □아직도 : まだ□공원 [公園] □ - 에서 : ～で□놀고 있어요 ? : 遊んでいますか□집 : 家□공부하고 있어요 : 勉強しています

動詞の語幹 + 고 있어요(コ イッソヨ) (?)

～しています／していますか［動作の継続・進行］

動詞の語幹に「-고 있어요(コ イッソヨ)」をつけると、「보고 있어요(ポゴ イッソヨ)」「먹고 있어요(モッコ イッソヨ)」のように「～ています」という、動作の継続や進行を表します。また、過去形「～ていました」は「보고 있었어요(ポゴ イッソッソヨ)」「먹고 있었어요(モッコ イッソッソヨ)」のように動詞の語幹に「-고 있었어요(コ イッソッソヨ)」をつけます。

보다(ポダ) → 보고 있어요(ポゴ イッソヨ) (?)
見る　見ています(か)

먹다(モクタ) → 먹고 있어요(モッコ イッソヨ) (?)
食べる　食べています(か)

また、입다(イプッタ)(着る、はく)、벗다(ポッタ)(脱ぐ、外す)、신다(シンタ)(履く)、쓰다(ッスダ)(かける)、끼다(ッキダ)(はめる)、들다(トゥルダ)(持つ)などの場合は、服や帽子などを身につけている状態が持続していることを表すときにも使います。

쓰다(ッスダ) → 쓰고 있어요(ッスゴ イッソヨ) (?)
かける　かけています(か)

입다(イプタ) → 입고 있어요(イプコ イッソヨ) (?)
着る　着ています(か)

基本例文の発音　［　］の中は発音通りのハングル表記

❶□누나는(ヌナヌン)□뭘(ムォル)□하고(ハゴ)□있어요(イッソヨ)?［이써요］□피아노를(ピアノルル)□치고(チゴ) ❷언니는(オンニヌン)□만들고(マンドゥルゴ)□밑반찬을(ミッパンチャヌル)［민빤차늘］ ❸□지금(チグム)□뭘(ムオル)□읽고(イルコ)［일꼬］□소설을(ソソルル)［소서를］ ❹□아직도(アジクト)［아직또］□공원에서(コンウォネソ)［공워네서］□놀고(ノルゴ)□집에서(チベソ)［지베서］□공부하고(コンブハゴ)

「- 고 있어요」は「～ています」!「- 고」は「～て」!「コテコテコテ」

トレーニング

意味	「- 고 있어요」(～ています)
継続・進行	語幹＋고 있어요
비가 오다 (雨が降る)	비가 오고 있어요 (雨が降っています)
친구를 기다리다 (友だちを待つ)	친구를 기다리고 있어요 (友だちを待っています)
미래를 생각하다 (未来を考える)	미래를 생각하고 있어요 (未来を考えています)
책을 읽다 (本を読む) ＋ ？	책을 읽고 있어요？(本を読んでいますか)
状態の持続	語幹＋고 있어요
시계를 차다 (時計をはめる)	시계를 차고 있어요 (時計をはめています)
가방을 들다 (かばんを持つ) ＋ ？	가방을 들고 있어요？(かばんを持っていますか)

練習 1 次の表現を例のように直してみましょう。

例 눈이 오다 (雪が降る)	눈이 오고 있어요 (雪が降っています)
공부를 하다 (勉強をする)	
술을 마시다 (お酒を飲む) ＋ ？	
서울에 살다 (ソウルに住む)	
점심을 먹다 (昼ご飯を食べる)	
열쇠를 찾다 (鍵を探す) ＋ ？	
치마를 입다 (スカートをはく)	

練習 2 日本語に直してみましょう。

(1) 지금 대학에 다니고 있어요?(지금(チグム):今、대학(テハク):大学、다니다(タニダ):通う)

---

(2) 닭갈비를 만들고 있어요.(닭갈비(タクカルビ):タッカルビ、만들다(マンドゥルダ):作る)

---

(3) 드라마를 보고 있어요.(드라마(トゥラマ):ドラマ、보다(ポダ):見る)

---

(4) 낮잠을 자고 있어요.(낮잠(ナッチャム):昼寝、자다(チャダ):寝る)

練習 3 韓国語に直してみましょう。(「-고 있어요(?)」を使って)

(1) 今、何を食べていますか。(食べる:먹다(モクタ))

---

(2) ラジオを聞いています。(ラジオ:라디오(ラディオ)、聞く:듣다(トゥッタ))

---

(3) 公園で歩いています。(公園:공원(コンウォン)、~で:에서(エソ)、歩く:걷다(コッタ))

---

(4) どんな本を読んでいますか。(どんな:어떤(オットン)、本:책(チェク)、読む:읽다(イクタ))

暮らしの韓国語単語 8〈楽器など〉

ピアノ	バイオリン	ギター	チェロ	ドラム	クラシック	ポップス
피아노(ピアノ)	바이올린(パイオルリン)	기타(キタ)	첼로(チェルロ)	드럼(トゥロム)	클래식(クルレシク)	팝송(パプソン)

イ　ク ゴ　チェグル　イルグル　ス　イッソヨ
이 국어 책을 읽을 수 있어요?

この国語の本を読むことができますか。

(〜することができます／することができますか)[可能]

基本例文

TRACK 31

❶ A:이 국어 책을 읽을 수 있어요?
この国語の本を読むことができますか。

B:좀 어렵네요. 읽을 수 없어요.
ちょっと難しいですね。読むことができません。

❷ A:김치를 먹을 수 있어요?
キムチを食べることができますか。

B:조금 먹을 수 있어요.
ちょっと食べることができます。

❸ A:나물을 만들 수 있어요?
ナムルを作ることができますか。

B:아직 만들 수 없어요.
まだ、作ることができません。

❹ A:한국 노래를 부를 수 없어요?
韓国の歌を歌えませんか。

B:한 두 곡 부를 수 있어요.
1、2曲歌えます。

語句

❶ □국어 [国語]:韓国語□책 [冊]:本□읽을 수 있어요?:読むことができますか□좀:ちょっと□어렵네요：難しいですね□읽을 수 없어요：読むことができません　❷ □김치：キムチ□먹을 수 있어요?：食べることができますか□조금：少し□먹을 수 있어요：食べることができます　❸ □나물：ナムル□만들 수 있어요?：作ることができますか□만들 수 없어요：作ることができません　❹ □한국 [韓国] □노래：歌□부를 수 없어요?：歌えませんか□한두 곡：1、2曲□부를 수 있어요：歌うことができます

動詞の語幹 +(으) ㄹ 수 있어요 (?)

～することができます／することができますか［可能］

「갈 수 있어요（行くことができます）」「먹을 수 있어요（食べることができます）」のように動詞の語幹に「-(으)ㄹ 수 있어요」をつけると「～することができます」という可能の意味になります。語幹末にパッチムがない場合は「-ㄹ 수 있어요」、ある場合は「-을 수 있어요」をつけます。

가다 →	**갈 수 있어요 (?)**	**먹다 →**	**먹을 수 있어요 (?)**
行く	行くことができます（か）	食べる	食べることができます（か）

なお、動詞の語幹に「-(으)ㄹ 수 없어요」をつけると「～することができません」という不可能の意味になります。

가다 →	**갈 수 없어요 (?)**	**먹다 →**	**먹을 수 없어요 (?)**
行く	行くことができません（か）	食べる	食べることができません（か）

基本例文の発音　［　］の中は発音通りのハングル表記

❶□국어 책을 ［구거채글］ □읽을 수 있어요? ［일글쑤이써요］ □어렵네요 ［어렴네요］ □없어요 ［업써요］ ❷□김치를□먹을 수 ［머글쑤］ □조금 ❸□나물을 ［나무를］ □만들 수 ［만들쑤］ ❹□한국 노래를 ［한궁노래를］ □부를 수 ［부를쑤］ □한두 곡

トレーニング

「갈 수 있어요」は「行くことができます」、つまり「行けます」だね！

語幹	「-(으)ㄹ 수 있어요/없어요」 (～することができます／できません)
母音語幹	語幹＋ㄹ 수 있어요/없어요
카페에 가다 (カフェに行く)	카페에 갈 수 있어요/없어요 (カフェに行くことができます／できません)
일찍 일어나다 (早く起きる) ＋ ?	일찍 일어날 수 있어요?/없어요? (早く起きることができますか／できませんか)
공부를 하다 (勉強をする) ＋ ?	공부를 할 수 있어요?/없어요? (勉強をすることができますか／できませんか)
子音語幹	語幹＋을 수 있어요/없어요
한글을 읽다 (ハングルを読む)	한글을 읽을 수 있어요/없어요 (ハングルを読むことができます／できません)
가방에 넣다 (かばんに入れる) ＋ ?	가방에 넣을 수 있어요?/없어요? (かばんに入れることができますか／できませんか)

練習 1 次の表現を例のように直してみましょう。

例 서울에 가다 (ソウルに行く)	서울에 갈 수 있어요/없어요 (ソウルに行くことができます／できません)
내일 만나다 (明日、会う)	
피아노를 치다 (ピアノを弾く)	
노래를 부르다 (歌を歌う) ＋ ?	
김치를 먹다 (キムチを食べる)	
친구를 믿다 (友だちを信じる)	
한글을 읽다 (ハングルを読む)	

練習 2 日本語に直してみましょう。

(1) 아침에 일찍 일어날 수 있어요? (일찍：早く、일어나다：起きる)

(2) 지금 버스를 탈 수 있어요. (지금：今、버스：バス、타다：乗る)

(3) 과일을 씻을 수 있어요? (과일：果物、씻다：洗う)

(4) 한국 노래를 부를 수 없어요. (한국:韓国、노래:歌、부르다:歌う)

練習 3 韓国語に直してみましょう。(「-(으)ㄹ 수 있어요/없어요(?)」を使って)

(1) コンビニで買うことができます。(コンビニ：편의점、買う：사다)

(2) 漢字を書くことができますか。(漢字：한자、書く：쓰다」)

(3) ベンチに座ることができませんか。(ベンチ：벤치、座る：앉다)

(4) 彼女を忘れることができません。(彼女：그녀、忘れる：잊다)

暮らしの韓国語単語 9〈小学校の教科名〉

国語	数学	科学	社会	道徳	音楽	美術	体育
국어	수학	과학	사회	도덕	음악	미술	체육

カチ ノレバンエ カルッカヨ
같이 노래방에 갈까요?

いっしょにカラオケに行きましょうか。

((1)～しましょうか [提案・勧誘]・(2)～でしょうか)[推量]

基本例文

▶ TRACK 32

❶ A:토요일에 뭘 할까요 ?
土曜日に何をしましょうか。

B:같이 노래방에 갈까요 ?
いっしょにカラオケに行きましょうか。

❷ A:오늘 점심은 뭘 먹을까요 ?
今日のお昼は何を食べましょうか。

B:비빔밥은 어떨까요 ?
ビビンバはいかがでしょうか。

❸ A:이 모자는 좀 작을까요 ?
この帽子はちょっと小さいでしょうか。

B:좀 작지 않을까요 ?
ちょっと小さくないでしょうか。

❹ A:춘천에도 눈이 올까요 ?
春川にも雪が降るでしょうか。

B:일기예보를 한번 볼까요 ?
ちょっと天気予報を見ましょうか。

語句

❶ □토요일 [土曜日] □뭘 (←무얼←무엇을):何を□할까요 ?:しましょうか□같이:いっしょに□노래방 [- 房]:カラオケ□갈까요 ?:行きましょうか ❷ □먹을까요 ?:食べましょうか□비빔밥:ビビンバ□어떨까요 ?:どうでしょうか ❸ □모자 [帽子] □작을까요 ?:小さいでしょうか□작지 않을까요 ?:小さくないでしょうか ❹ □춘천 [春川] チュンチョン□ - 에도:～にも□눈:雪□올까요 ?:(来るでしょうか→) 降るでしょうか□일기예보 [日気予報]:天気予報 □한번 [- 番]:一度、ちょっと□볼까요 ?:見ましょうか

文法ポイント

母音子音系

語幹＋(으(ウ))ㄹ까요(ルッカヨ)?

(1)～しましょうか［提案・勧誘］・(2)～でしょうか［推量］

(1) 動詞の語幹に「-(으(ウ))ㄹ까요(ルッカヨ)?」をつけると「～(し)ましょうか」という意味になり、聞き手の意向を尋ねたり勧誘したりするときに使います。語幹末にパッチムがない場合は「-ㄹ까요(ルッカヨ)?」、ある場合は「-을까요(ウルッカヨ)?」をつけます。

보다(ポダ) → 볼까요(ポルッカヨ)?　　**먹다(モクタ) → 먹을까요(モグルッカヨ)?**

見る　　見ましょうか　　食べる　　食べましょうか

(2) また、「-(으(ウ))ㄹ까요(ルッカヨ)?」には「～でしょうか」という意味もあり、話し手の疑問や疑念を表すときに使います。動詞や形容詞などの語幹にパッチムがない場合は「-ㄹ까요(ルッカヨ)?」、ある場合は「-을까요(ウルッカヨ)?」をつけます。

보다(ポダ) → 볼까요(ポルッカヨ)?　　**작다(チャクタ) → 작을까요(チャグルッカヨ)?**

見る　　見るでしょうか　　小さい　　小さいでしょうか

基本例文の発音　［　］の中は発音通りのハングル表記

❶ □토요일에(トヨイレ) ［토요이레］ □할까요(ハルッカヨ)?□같이(カチ) ［가치］ □노래방에(ノレバンエ)□갈까요(カルッカヨ)?
❷ □오늘(オヌル)□점심은(チョムシムン) ［점시믄］ □먹을까요(モグルッカヨ)? ［머글까요］ □비빔밥은(ピビンパブン) ［비빔빠븐］ □어떨까요(オットルッカヨ)?
❸ □모자는(モジャヌン)□작을까요(チャグルッカヨ)? ［자글까요］ □작지(チャクチ) ［작찌］ □않을까요(アヌルッカヨ) ［아늘까요］
❹ □춘천에도(チュンチョネド) ［춘처네도］ □눈이(ヌニ) ［누니］ □올까요(オルカヨ)?□일기예보를(イルギイェボルル) □한번(ハンボン)□볼까요(ポルッカヨ)?

トレーニング

> 🐻「갈까요?」には「行きましょうか」と「行くでしょうか」という両方の意味があるね！

意味	「-(으)ㄹ까요?」(～ましょうか、～でしょうか)
提案	語幹 +(으)ㄹ까요?
チェグル イクタ 책을 읽다 (本を読む)	책을 읽을까요? (本を読みましょうか)
チャムシ シュイダ 잠시 쉬다 (ちょっと休む)	잠시 쉴까요? (ちょっと休みましょうか)
推量	語幹 +(으)ㄹ까요?
ビ ガ オ ダ 비가 오다 (雨が降る)	비가 올까요? (雨が降るでしょうか)
パンイ ノルタ 방이 넓다 (部屋が広い)	방이 넓을까요? (部屋が広いでしょうか)
チグム キ ダ リ ダ 지금 기다리다 (今、待つ)	지금 기다릴까요? (今、待っているでしょうか)

練習 1 次の表現を例のように直してみましょう。

例 チェグル イクタ 책을 읽다 (本を読む) + ?	チェグル イルグルッカ ヨ 책을 읽을까요? (本を読みましょうか)
ヨ ギ ソ ネ リ ダ 여기서 내리다 (ここで降りる)	
チョムシムル モクタ 점심을 먹다 (昼ご飯を食べる)	

例 ナルッシガ チョ タ 날씨가 좋다 (天気がいい) + ?	ナルッシガ チョウルッカ ヨ 날씨가 좋을까요? (天気がいいでしょうか)
パンイ パクタ 방이 밝다 (部屋が明るい)	
プ ル ゴギガ マ シ タ 불고기가 맛있다 (焼き肉がおいしい)	
キョ シ リ チョヨンハ ダ 교실이 조용하다 (教室が静かだ)

練習 2 日本語に直してみましょう。

(1) 영화가 재미있을까요？(영화(ヨンフヮ)：映画、재미있다(チェミイッタ)：面白い)

(2) 회의에 늦을까요？(회의(フェイ)：会議、늦다(ヌッタ)：遅れる)

(3) 방이 좁을까요？(방(パン)：部屋、좁다(チョプタ)：狭い)

(4) 오늘은 안 갈까요？(오늘(オヌル)：今日、안 가다(アン ガダ)：行かない)

練習 3 韓国語に直してみましょう。(「-(으)ㄹ까요？」を使って)

(1) 昼ご飯を食べましょうか。(昼ご飯：점심(チョムシム)：、食べる：먹다(モクタ))

(2) 今日は早く寝ましょうか。(早く：일찍(イルッチク)、寝る：자다(チャダ))

(3) キムチがおいしいでしょうか。(キムチ：김치(キムチ)：、おいしい：맛있다(マシッタ))

(4) いっしょに待ちましょうか。(いっしょに：같이(カチ)、待つ：기다리다(キダリダ))

暮らしの韓国語単語 10〈お店など〉

カラオケ	花屋	パン屋	食堂	書店	カフェ	スーパー
노래방(ノレバン)	꽃집(ッコッチプ)	빵집(ッパンチプ)	식당(シクタン)	서점(ソジョム)	카페(カペ)	슈퍼(シュポ)

＊韓国のお店の名前には、もともと「部屋」と「家」という意味の「-방(房)」や「-집」がよく使われます。「책방(冊房)」は「本屋」、「PC방(-房)」は「インターネットカフェ」「술집」は「飲み屋」、「옷집」は「洋服屋」です。

チャン ミッコチ　マニ　ピオ　イッソヨ
장미꽃이 많이 피어 있어요.

バラの花がたくさん咲いています。

（～ています／ていますか）［状態の継続］

基本例文

TRACK 33

❶ A：어떤 꽃이 많이 피어 있어요？
どんな花がたくさん咲いていますか。

B：장미꽃이 많이 피어 있어요．
バラの花がたくさん咲いています。

❷ A：가방 안에는 뭐가 들어 있어요？
かばんの中には何が入っていますか。

B：도시락하고 사전이 들어 있어요．
お弁当と辞書が入っています。

❸ A：모두 다 앉아 있어요？
みんな、座っていますか。

B：스태프들은 서 있어요．
スタッフは立っています。

❹ A：김밥집은 아직도 열려 있어요？
キムパ屋はまだ、開いていますか。

B：지금쯤 닫혀 있을 거예요．
今頃、閉まっていると思います。

語句

❶ □어떤：どんな□꽃：花□많이：たくさん□피어 있어요？：咲いていますか□장미꽃［薔薇－］：バラの花□피어 있어요：咲いています　❷ □가방：かばん□안：中□들어 있어요？：入っていますか□도시락：お弁当□사전［辞典］：辞書□들어 있어요：入っています　❸ □모두：みんな□다：全部□앉아 있어요？：座っていますか□스태프：スタッフ□ - 들：～たち、～ら□서 있어요：立っています　❹ □김밥집：キムパ屋＊김（海苔）＋밥（ご飯）＋집（家、お店）□열려 있어요？：開いていますか□지금쯤：今頃□닫혀 있을 거예요？：閉まっているでしょう

動詞の語幹＋<ruby>아<rt>ア</rt></ruby> / <ruby>어<rt>オ</rt></ruby> <ruby>있어요<rt>イッソヨ</rt></ruby>
～ています／ていますか ［状態の継続］

　自動詞の語幹に「-<ruby>아<rt>ア</rt></ruby>/<ruby>어<rt>オ</rt></ruby> <ruby>있어요<rt>イッソヨ</rt></ruby>」をつけると「～ています」という意味になり、ある状態が継続していることを表します。一般的に自動詞に用いられ、語幹末の母音が陽母音の場合は「-<ruby>아<rt>ア</rt></ruby> <ruby>있어요<rt>イッソヨ</rt></ruby>」、陰母音の場合は「-<ruby>어<rt>オ</rt></ruby> <ruby>있어요<rt>イッソヨ</rt></ruby>」をつけます。

<ruby>살다<rt>サルダ</rt></ruby> → <ruby>살아<rt>サ ラ</rt></ruby> <ruby>있어요<rt>イッソヨ</rt></ruby> (?)
生きる　　生きています（か）

<ruby>들다<rt>トゥルダ</rt></ruby> → <ruby>들어<rt>トゥ ロ</rt></ruby> <ruby>있어요<rt>イッソヨ</rt></ruby> (?)
入る　　　入っています（か）

　また、この表現は<ruby>열리다<rt>ヨルリダ</rt></ruby>（開く）、<ruby>닫히다<rt>タチダ</rt></ruby>（閉まる）、<ruby>켜지다<rt>キョジダ</rt></ruby>（電気がつく）、<ruby>꺼지다<rt>ッコジダ</rt></ruby>（消える）などの受身形の動詞について使われることが多いです。

<ruby>열다<rt>ヨルダ</rt></ruby> → <ruby>열리다<rt>ヨルリダ</rt></ruby> → <ruby>열려<rt>ヨルリョ</rt></ruby> <ruby>있어요<rt>イッソヨ</rt></ruby>
開ける　　開く　　　　開いています

<ruby>닫다<rt>タッタ</rt></ruby> → <ruby>닫히다<rt>タチダ</rt></ruby> → <ruby>닫혀<rt>タチョ</rt></ruby> <ruby>있어요<rt>イッソヨ</rt></ruby>
閉める　　閉まる　　　閉まっています

基本例文の発音　［　］の中は発音通りのハングル表記

❶ □<ruby>어떤<rt>オットン</rt></ruby>□<ruby>꽃이<rt>ッコチ</rt></ruby> ［꼬치］　□<ruby>많이<rt>マニ</rt></ruby> ［마니］　□<ruby>피어<rt>ピオ</rt></ruby>□<ruby>장미꽃이<rt>チャンミッコチ</rt></ruby> ［장미꼬치］
❷ □<ruby>가방<rt>カバン</rt></ruby>□<ruby>안에는<rt>アネヌン</rt></ruby> ［아네는］　□<ruby>뭐가<rt>ムォガ</rt></ruby>　□<ruby>들어<rt>トゥロ</rt></ruby> ［드러］　□<ruby>도시락하고<rt>トシラカゴ</rt></ruby> ［도시라카고］　□<ruby>사전이<rt>サジョニ</rt></ruby> ［사저니］　❸ □<ruby>모두<rt>モドゥ</rt></ruby>□<ruby>다<rt>タ</rt></ruby>□<ruby>앉아<rt>アンジャ</rt></ruby> ［안자］　□<ruby>스태프들은<rt>ステプドゥルン</rt></ruby> ［스태프드른］　□<ruby>서<rt>ソ</rt></ruby>　❹ □<ruby>김밥집은<rt>キムパプチブン</rt></ruby> ［김빱찌븐］　□<ruby>아직도<rt>アジクト</rt></ruby> ［아직또］　□<ruby>열려<rt>ヨルリョ</rt></ruby>□<ruby>지금쯤<rt>チグムッチュム</rt></ruby>　□<ruby>닫혀<rt>タチョ</rt></ruby> ［다처］　□<ruby>있을 거예요<rt>イッスル コ エヨ</rt></ruby> ［이쓸꺼에요］

「-아/어 있어요」は自動詞に続くんだね。「自動詞」って「〜を」といっしょに使えないものでしょ!

トレーニング

-아/어 있어요

母音の種類	「-아/어 있어요」(〜ています)
陽母音	語幹+아 있어요
서울에 가다 (ソウルに行く)	서울에 가 있어요 (ソウルに行っています)
돈이 남다 (お金が残る)	돈이 남아 있어요 (お金が残っています)
소파에 앉다 (ソファに座る) + ?	소파에 앉아 있어요?(ソファに座っていますか)
陰母音	語幹+어 있어요
앞에 서다 (前に立つ)	앞에 서 있어요 (前に立っています)
장미가 피다 (バラが咲く)	장미가 피어 있어요 (バラが咲いています)
벽에 붙다 (壁に貼る) + ?	벽에 붙어 있어요?(壁に貼っていますか)

練習 1 次の表現を例のように直してみましょう。

例 소파에 앉다 (ソファに座る)	소파에 앉아 있어요 (ソファに座っています)
시간이 남다 (時間が残る)	
설탕이 녹다 (砂糖が溶ける)	
먼지가 묻다 (ほこりがつく) + ?	
열쇠가 놓이다 (鍵が置かれる)	
불이 꺼지다 (火が消える) + ?	

練習2 日本語に直してみましょう。

(1) 작년부터 미국에 가 있어요 . (작_{チャンニョン} 년:昨年、미국_{ミグク}:アメリカ、가다_{カダ}:行く)

(2) 아직도 시간이 좀 남아 있어요 . (아직도_{アジクト}:まだ、시간_{シガン}:時間、남_{ナム} 다_タ:残る)

(3) 케이크가 놓여 있어요 . (케이크_{ケイク}:ケーキ、놓이다_{ノイダ}:置かれる)

(4) 불이 켜져 있어요 ? (불_{プル}:電気、켜지다_{キョジダ}:つく)

練習3 韓国語に直してみましょう。(「- 아 / 어 있어요 (?)」を使って)

(1) 今、ソウルに来ています。(今:지금_{チグム}、ソウル:서울_{ソウル}、来る:오다_{オダ})

(2) 花が咲いています。(花:꽃_{ッコッ}、咲く:피다_{ピダ})

(3) ベンチに座っています。(ベンチ:벤치_{ベンチ}:、座る:앉다_{アンタ})

(4) 窓が閉まっていますか。(窓:창 문_{チャンムン}:、閉まる:닫히다_{タチダ})

暮らしの韓国語単語 11〈植物〉

バラ	ひまわり	朝顔	桜	ムクゲ	松	竹
장 미_{チャンミ}	해바라기_{ヘバラギ}	나팔 꽃_{ナパルッコッ}	벚 꽃_{ボッコッ}	무궁화_{ムグンフヮ}	소나무_{ソナム}	대나무_{テナム}

＊「해바라기」は「해 (太陽) ＋바라기 (眺め)」、「나팔꽃」は「ラッパ (の形をした) 花」という意味からできたことばです。

이 볼펜은 정말 좋아요.

イ　ポルペヌン　チョンマル　チョアヨ

このボールペンは本当にいいです。

（〜ます・〜です／〜ますか・〜ですか）〈해요体③〉

基本例文

TRACK 34

❶ A:그 볼펜은 좋아요 ?
そのボールペンはいいですか。

B:네 , 이 볼펜은 정말 좋아요 .
はい、このボールペンは本当にいいです。

❷ A:보통 몇 시에 점심을 먹어요 ?
普段、何時に昼ご飯を食べますか。

B:열 두 시 반에 먹어요 .
12時半に食べます。

❸ A:오늘은 숙제가 많아요 ?
今日は宿題が多いですか。

B:오늘은 별로 없어요 .
今日はあまりありません。

❹ A:무슨 책을 읽어요 ?
どんな本を読みますか。

B:늘 소설책을 읽어요 .
いつも小説の本を読みます。

語句

❶ □그：その□볼펜：ボールペン□좋아요？：いいですか＊좋다の해요体の疑問形□정말：本当に□좋아요：いいです＊좋다の해요体の平叙形　❷ □보통［普通］：普段□몇 시［-時］：何時□먹어요？：食べますか＊먹다の해요体の疑問形□열 두 시［-時］：12時□반［半］□먹어요：食べます＊먹다の해요体の平叙形　❸ □오늘：今日□숙제［宿題］□많아요？：多いですか＊많다の해요体の疑問形□별로［別-］：あまり□없어요：ありません＊없다の해요体の平叙形　❹ □무슨：どんな□책［冊］：本□읽어요？：読みますか＊읽다の해요体の疑問形□늘：いつも□소설책［小説冊］：小説の本□읽어요：読みます＊읽다の해요体の平叙形

動詞・形容詞の語幹＋아요 / 어요

～ます・～です／～ますか・～ですか〈해요体③〉

語幹が子音で終わる動詞や形容詞などの語幹末の母音が陽母音（ㅏ、ㅗ、ㅑ）の場合は「-아요」、陰母音（ㅏ、ㅗ、ㅑ以外）の場合は「-어요」をつけると、「먹어요（食べます）」「좋아요（いいです）」のように「～ます」や「～です」という意味になります。

これは「해요体」と言われますが、非格式的で柔らかい丁寧な表現で、命令や勧誘の意味にも使えます。

먹다 → 먹어요 (?)
食べる　食べます（か）

작다 → 작아요 (?)
小さい　小さいです（か）

文型	意味
平叙文	밥을 먹어요.（ご飯を食べます。）
疑問文	밥을 먹어요?（ご飯を食べますか。）
命令文	밥을 먹어요!（ご飯を食べてください！）
勧誘文	밥을 먹어요!（ご飯を食べましょう！）

基本例文の発音　［　］の中は発音通りのハングル表記

❶ □볼펜은 [볼페는] □좋아요? [조아요] □정말 ❷ □보통□몇 시에 [면씨에] □먹어요? [머거요] □열 두 시 반에 [열뚜시바네] ❸ □오늘은 [오느른] □숙제가 [숙쩨가] □많아요? [마나요] □별로□없어요 [업써요] ❹ □무슨□책을 [채글] □읽어요? [일거요] □늘□소설책을 [소설채글]

「陽母音」って、
「아、오、야」だけだね！
「陽気なアオヤさん」と
覚えよっか！

トレーニング

語幹末の母音	「-아요/어요」(～ます・～です)
陽母音	語幹＋아요
날씨가 좋다（天気がいい）＋？	날씨가 좋아요？(天気がいいですか)
가방이 작다（かばんが小さい）	가방이 작아요（かばんが小さいです）
서울에서 살다（ソウルで暮らす）	서울에서 살아요（ソウルで暮らします）
陰母音	語幹＋어요
책을 읽다（本を読む）	책을 읽어요（本を読みます）
구두를 신다（靴を履く）	구두를 신어요（靴を履きます）
밥을 먹다（ご飯を食べる）	밥을 먹어요（ご飯を食べます）

練習１ 次の表現を例のように直してみましょう。

例 날씨가 좋다（天気がよい）	날씨가 좋아요（天気がよいです）
일본에서 살다（日本で暮らす）	
숙제가 많다（宿題が多い）	
키가 작다（背が低い）＋？	
매일 먹다（毎日、食べる）	
양이 적다（量が少ない）＋？	
모자를 벗다（帽子を脱ぐ）	

練習 2 日本語に直してみましょう。

(1) 오늘은 숙제가 많아요.（오늘（オヌル）：今日、숙제（スクチェ）：宿題、많다（マンタ）：多い）

(2) 손을 자주 씻어요.（손（ソン）：手、자주（チャジュ）：よく、씻다（ッシッタ）：洗う）

(3) 공원에서 놀아요.（공원（コンウォン）：公園、놀다（ノルダ）：遊ぶ）

(4) 안경을 벗어요.（안경（アンギョン）：眼鏡、벗다（ポッタ）：外す）

練習 3 韓国語に直してみましょう。（「-아요/어요」を使って）

(1) 朝ご飯を食べます。（朝ご飯：아침（アチム）：、食べる：먹다（モクタ））

(2) 本が少ないです。（本：책（チェク）：、少ない：적다（チョクタ））

(3) 部屋が明るいです。（部屋：방（パン）、明るい：밝다（パクタ））

(4) 大きさが小さいです。（大きさ：크기（クギ）：、小さい：작다（チャクタ））

暮らしの韓国語単語 12〈文房具〉

ボールペン	鉛筆	万年筆	消しゴム	ハサミ	筆箱	糊
볼펜（ボルペン）	연필（ヨンピル）	만년필（マンニョンピル）	지우개（チウゲ）	가위（カウィ）	필통（ピルトン）	풀（プル）

＊筆箱のことを韓国では「**필통**（筆筒）」と言います。

第1部 ハングルの文字と発音
第2部 表現と文法
第3部 付録

도서관에서 공부해요.

トソグヮネソ　コンブヘヨ

図書館で勉強します。

（～ます／ますか・～です／ですか）〈해요体④〉

基本例文

TRACK 35

❶ A:오늘은 어디서 공부해요 ?
今日はどこで勉強しますか。

B:도서관에서 공부해요 .
図書館で勉強します。

❷ A:그 카페는 조용해요 ?
そのカフェは静かですか。

B:네 , 언제나 조용해요 .
はい、いつも静かです。

❸ A:어제도 운동했어요 ?
昨日も運動しましたか。

B:네 , 한 시간쯤 운동했어요 .
はい、1時間くらい運動しました。

❹ A:지금도 그 사람을 사랑해요 ?
今もあの人を愛していますか。

B:물론이죠 . 많이 사랑해요 .
もちろんです。とても愛しています。

語句

❶ □어디서：どこで□공부해요？：勉強しますか*공부하다の해요体の疑問形□도서관［図書館］□공부해요：勉強します*공부하다の해요体の平叙形　❷ □카페：カフェ□조용해요？：静かですか*조용하다の해요体の疑問形□언제나：いつも□조용해요：静かです*조용하다の해요体の平叙形　❸ □어제：昨日□운동했어요？：運動しましたか*운동하다の해요体の過去疑問形□한 시간［- 時間］：1時間□ - 쯤：くらい□운동했어요：運動しました*운동하다の해요体の過去平叙形　❹ □지금도：今も□사람：人□사랑해요？：愛しますか*사랑하다の해요体の疑問形□물론이죠［勿論 -］：もちろんです□사랑해요：愛します*사랑하다の해요体の平叙形

「하다(ハダ)」用語の語幹 + 여요(ヨヨ) = 해요(ヘヨ)

～ます／ますか・～です／ですか〈해요(ヘヨ)体④〉

基本形が「-하다(ハダ)」で終わる動詞・形容詞を「하다(ハダ)用言」と言います。「하다(ハダ)用言」は語幹末が「하」という陽母音なので「-아요(アヨ)/어요(オヨ)」をつけるとき、「하아요(ハアキ)」になるはずですが、例外的に「-여요(ヨヨ)」がついて「하여요(ハヨヨ)」となります。一般的には縮約した形の「해요(ヘヨ)」が使われます。

사랑하다(サランハダ)	→	**사랑해요**(サランヘヨ)	**조용하다**(チョヨンハダ)	→	**조용해요**(チョヨンヘヨ)
愛する		愛します	静かだ		静かです

また、「해요(ヘヨ)」の過去形は「했어요(ヘッソヨ)」になります。（*他の過去形は㉞参照）

사랑해요(サランヘヨ)	→	**사랑했어요**(サランヘッソヨ)	**조용해요**(チョヨンヘヨ)	→	**조용했어요**(チョヨンヘッソヨ)
愛します		愛しました	静かです		静かでした

基本例文の発音　［　］の中は発音通りのハングル表記

❶ □오늘은(オヌルン) [오느른] □어디서(オディソ)□공부해요(コンブヘヨ)?□도서관에서(トソグァネソ) [도서과네서]
❷ □카페는(カペヌン)□조용해요(チョヨンヘヨ)?□언제나(オンジェナ) ❸ □어제도(オジェド)□운동했어요(ウンドンヘッソヨ)? [운동해써요]
□한 시간쯤(ハン シガンチュム) ❹ □지금도(チグムド)□사람을(サラムル) [사라믈] □사랑해요(サランヘヨ)?□물론이죠(ムルロニジョ) [물로니조]
□많이(マニ) [마니]

「하다」は動詞にも形容詞にもつけられるんだね～

トレーニング

하다用言	-해요（～ます・～です）	-했어요（～ました・～でした）
動詞	-해요	-했어요
사랑하다（愛する）	사랑해요（愛します）	사랑했어요（愛しました）
공부하다（勉強する）	공부해요（勉強します）	공부했어요（勉強しました）
운동하다（運動する）	운동해요（運動します）	운동했어요（運動しました）
形容詞	-해요	-했어요
조용하다（静かだ）	조용해요（静かです）	조용했어요（静かでした）
따뜻하다（暖かい）	따뜻해요（暖かいです）	따뜻했어요（暖かかったです）
시원하다（涼しい）	시원해요（涼しいです）	시원했어요（涼しかったです）

練習 1　次の表現を例のように直してみましょう。

例　매일 공부하다（毎日、勉強する）	매일 공부해요/했어요（毎日、勉強します／しました）
자주 전화하다（よく電話する）	
집에서 일하다（家で働く）＋？	
창문이 깨끗하다（窓がきれいだ）	
정 말 미안하다（本当にすまない）	
늘 행복하다（いつも幸せだ）	

練習 2 日本語に直してみましょう。

(1) 친구한테 연락했어요.(친구 : 友だち、연락하다 : 連絡する)

---

(2) 오후에 전화해요!(오후 : 午後、전화하다 : 電話する)

---

(3) 호텔 방이 깨끗했어요?(호텔:ホテル、방:部屋、깨끗하다:きれいだ)

---

(4) 매일 아침에 산책해요.(매일:毎日、아침:朝、산책하다:散歩する)

練習 3 韓国語に直してみましょう。(「-해요/했어요」を使って)

(1) 今日は公園が静かです。(今日 : 오늘、公園 : 공원、静か : 조용하다)

---

(2) 毎日、部屋を掃除しますか。(毎日 : 매일 :、部屋 : 방、掃除する : 청소하다)

---

(3) 韓国語を一生懸命勉強しました。(韓国語 : 한국어、一生懸命 : 열심히)

---

(4) 天気が暖かいです。(天気 : 날씨、暖かい : 따뜻하다)

暮らしの韓国語単語 13〈場所②〉

図書館	博物館	美術館	劇場	映画館	講堂	ホテル
トソグヮン	パンムルグヮン	ミスルグヮン	ククチャン	ヨンファグヮン	カンダン	ホテル
도서관	박물관	미술관	극장	영화관	강당	호텔

＊一昔前までは一般的に「映画館」は「극장(劇場)」と呼ばれてきましたが、近年は「영화관(映画館)」という表現も多く使われています。

오늘은 어디에 가요?

オ ヌルン オ ディ エ ガ ヨ

今日はどこに行きますか。

（～ます／ますか・～です／ですか）〈해요体⑤〉

基本例文

TRACK 36

❶ A:오늘은 어디에 가요 ?
今日はどこに行きますか。

B:박물관하고 미술관에 가요 .
博物館と美術館に行きます。

❷ A:이 버스는 호텔 앞에 서요 ?
このバスはホテルの前に停まりますか。

B:네 , 호텔 바로 앞에 서요 .
はい、ホテルのすぐ前に停まります。

❸ A:잠이 안 올 때는 별을 세요 ?
眠れないときは星を数えますか。

B:네 , 별 하나 나 하나 , 별 둘 나 둘… .
はい、星1つ、わたし1つ、星2つ、わたし2つ…。

❹ A:오늘 점심값은 누가 냈어요 ?
今日のお昼代は誰が出しましたか。

B:사장님이 냈어요 . 괜찮아요 .
社長が出しました。大丈夫です。

語句

❶ □가요？：行きますか＊가다の해요体の疑問形□박물관［博物館］□미술관［美術館］□가요：行きます＊가다の해요体の平叙形　❷ □버스：バス□호텔：ホテル□앞：前□서요？：停まりますか＊서다の해요体の疑問形□바로：すぐ□서요：停まります＊서다の해요体の平叙形　❸ □잠：睡眠□안 올 때：来ないとき□별：星□세요？：数えますか＊세다の해요体の疑問形□하나：1つ□나：僕、わたし□둘：2つ　❹ □점심값：（점심昼ご飯＋값値段→）昼食代□누가：誰が□냈어요？：出しましたか＊내다の해요体の過去疑問形□사장님［社長 -］：社長（様）□냈어요：出しました＊내다の해요体の過去平叙形□괜찮아요：大丈夫です

母音語幹＋아요／어요（？）

～ます／ますか、～です／ですか〈해요体⑤〉

母音語幹で「가다」「서다」などのように語幹末の母音が「ㅏ」「ㅓ」の場合は、後ろにつく「-아/어」を省略するのが原則です。

가다 → (가아요＊) → 가요　　서다 → (서어요＊) → 서요

行く　行きます　止まる　止まります

＊印の語は実際には使わない形です

また、「내다」「세다」などのように語幹末の母音が「ㅐ」「ㅔ」の場合は、「-아/어」を省略してもしなくてもどちらも使うことができます。

내다 → 내요／내어요　　세다 → 세요／세어요

出す　出します　数える　数えます

基本例文の発音　［　］の中は発音通りのハングル表記

❶ □가요？□박물관［방물관］□미술관 ❷ □버스□호텔 앞에［호테라페］□서요？ ❸ □잠이［자미］□안 올 때［아놀때］□별을［벼를］□세요？ ❹ □점심값은［점심깝슨］□누가□냈어요？［내써요］□사장님이［사장니미］□괜찮아요［괜차나요］

カアヨ「가아요」〜「가아요」〜「가아요」〜「가아요」〜「가요」!

トレーニング

〈-아요/어요〉

語幹末の母音	〜ます、〜です	〜ました、〜でした
母音ㅏ、ㅓ、ㅕ	語幹＋아요/어요	語幹＋았어요/었어요
가다（行く）	가요（行きます）	갔어요（行きました）
건너다（渡る）	건너요（渡ります）	건넜어요（渡りました）
켜다（つける）	켜요（つけます）	켰어요（つけました）
母音ㅐ、ㅔ	語幹＋아요/어요	語幹＋았어요/었어요
내다（出す）	내요/내어요（出します）	냈어요/내었어요（出しました）
세다（数える）	세요/세어요（数えます）	셌어요/세었어요（数えました）

練習 1 次の表現を例のように直してみましょう。

例 슈퍼에 가다（スーパーに行く）	슈퍼에 가요/갔어요（スーパーに行きます／行きました）
일찍 자다（早く寝る）	
강을 건너다（川を渡る）＋？	
역 앞에 서다（駅前に停まる）	
꿈을 펴다（夢をかなえる）	
넥타이를 매다（ネクタイを締める）	
팁을 건네다（チップを渡す）＋？	

練習2 日本語に直してみましょう。

（1）손발이 찼어요 .（손발^{ソンバル}：手足、차다^{チャダ}：冷たい）

（2）전기를 껐어요 ?（전기^{チョンギ}：電気、켜다^{キョダ}：つける）

（3）이불을 갰어요 ?（이불^{イブル}：布団、개다^{ケダ}：畳む）

（4）륙색을 메요 .（륙색^{リュクセク}：リュック、메다^{メダ}：背負う）

練習3 韓国語に直してみましょう。（「 - 아요 / 어요 」を使って）

（1）昨日は早く寝ました。（昨日：어제^{オジェ}、早く：일찍^{イルッチク}、寝る：자다^{チャダ}）

（2）橋を渡ります。（橋：다리^{タリ}、渡る：건너다^{コンノダ}）

（3）弟は力が強いです。（弟：남동생^{ナムドンセン}、力：힘^{ヒム}、強い：세다^{セダ}）

（4）長さを計りました。（長さ：길이^{キリ}、計る：재다^{チェダ}）

暮らしの韓国語単語 **14**〈天体・自然〉

星	月	太陽	空	地	山	川	海
별 ビョル	달 タル	해 ヘ	하늘 ハヌル	땅 ッタン	산 サン	강 カン	바다 パダ

＊眠れないとき、韓国では「羊が1匹、羊が2匹…」ではなく、「별 하나 나 하나 , 별 둘 나 둘…」と数えます。

카페에서 커피를 마셔요!

カペエソ　コピルル　マショヨ

カフェでコーヒーを飲みましょう。

（〜ます／ますか・〜です／ですか）〈해요体⑥〉

基本例文

TRACK 37

❶ A:카페에서 커피를 마셔요!
カフェでコーヒーを飲みましょう!

B:나는 카페오레를 마셔요.
わたしはカフェオレを飲みます。

❷ A:언니는 언제 일본에 와요?
お姉さんはいつ日本に来ますか。

B:내일 저녁에 와요.
明日の夜、来ます。

❸ A:요즘은 뭘 배워요?
最近は何を習っていますか。

B:꽃꽂이하고 매듭을 배워요.
生け花とメドゥプを習っています。

❹ A:언제부터 겨울 방학이 됐어요?
いつから冬休みになりましたか。

B:12월 10일부터 쉬어요.
12月10日から休みます。

語句

❶ □카페에서：カフェで□커피를：コーヒーを□마셔요！：飲みましょう!＊마시다の해요体の勧誘形□나는：僕は、わたしは□카페오레：カフェオレ□마셔요：飲みます＊마시다の해요体の平叙形　❷ □언제：いつ□일본［日本］□와요？：来ますか＊오다の해요体の疑問形□내일［来日］：明日□저녁：夕方、夜□와요：来ます＊오다の해요体の平叙形　❸ □배워요？：習いますか＊배우다の해요体の疑問形□꽃꽂이：生け花□매듭：メドゥプ＊韓国伝統の組み紐□배워요：習います＊배우다の해요体の平叙形　❹ □ - 부터：〜から□겨울：冬□방학［放学］：（学校の長期の）休み□됐어요？：なりましたか＊되다の해요体の過去疑問形□월［月］□일［日］□쉬어요：休みます＊쉬다の해요体の平叙形

母音語幹＋아_{アヨ}요／어_{オヨ}요 (?)
〜ます／ますか・〜です／ですか〈해_ヘ요_ヨ体⑥〉

母音語幹で「오_オ다_ダ」「배_ベ우_ウ다_ダ」「지_チ다_ダ」「되_{トゥェ}다_ダ」などのように語幹末の母音が「ㅗ」「ㅜ」「ㅣ」「ㅚ_{ウェ}」の場合は、後ろに「-아요/어요」が続くとき、合体し「ㅘ_{ワヨ}요」「ㅝ_{ウォヨ}요」「ㅕ_{ヨヨ}요」「ㅙ_{ウェヨ}요」となります。

오_オ다_ダ → (오_オ아요_{アヨ}*) → 와_ワ요_ヨ
来る　　　　　　　　　　　　来ます

배_ベ우_ウ다_ダ → (배_ベ우_ウ어요_{オヨ}*) → 배_ベ워_{ウォ}요_ヨ
習う　　　　　　　　　　　　習います

지_チ다_ダ → (지_チ어요_{オヨ}*) → 져_{チョ}요_ヨ
負ける　　　　　　　　　負けます

되_{トゥェ}다_ダ → (되_{トゥェ}어요_{オヨ}) → 돼_{トゥェ}요_ヨ
なる　　　　　　　　　なります

*印の語は実際には使わない形です

ただし、「쉬_{シュィ}다_ダ」「띄_{ッティ}다_ダ」のように語幹末の母音が「ㅟ」「ㅢ」の場合は合体が起こりません。

쉬_{シュィ}다_ダ → 쉬_{シュィ}어요_{オヨ}
休む　　休みます

띄_{ッティ}다_ダ → 띄_{ッティ}어요_{オヨ}
目立つ　目立ちます

基本例文の発音　[]の中は発音通りのハングル表記

❶ □카페_{カペ}에서_{エソ}□커피_{コピ}를_{ルル}□마셔요_{マショヨ}!□나는_{ナヌン}□카페_{カペ}오레_{オレ}를_{ルル} ❷ □언니_{オンニ}는_{ヌン}□언제_{オンジェ}□일본_{イルボ}에_ネ [일보네] □와요_{ワヨ}?□내일_{ネイル}□저녁_{チョニョゲ}에 [저녀게] ❸ □요즘_{ヨジュ}은_{ムン} [요즈믄] □뭘_{ムォル}□배워요_{ベウォヨ}?□꽃꽂_{ッコッコジ}이하고_{ハゴ} [꼳꼬지하고] □매듭_{メドゥブル}을 [매드블] ❹ □언제_{オンジェ}부터_{プト}□겨울_{キョウル}방학_{バンハギ}이 [겨울빵하기] □됐어요_{トゥェッソヨ}? [돼써요] □12월_{シビウォル} [시비월] □10일_{シビル}부터_{プト} [시빌부터] □쉬어요_{シュィオヨ}

「오아요」の「오아」は速く発音すれば自然と「와」になるんだね！

トレーニング

基本形	母音	活用例「-아/어요」
오다（来る）	ㅗ＋ㅏ＝ㅘ	오아요*→와요（来ます）
배우다（習う）	ㅜ＋ㅓ＝ㅝ	배우어요*→배워요（習います）
마시다（飲む）	ㅣ＋ㅓ＝ㅕ	마시어요*→마셔요（飲みます）
되다（なる）	ㅚ＋ㅓ＝ㅙ	되어요→ 돼 요（なります）
쉬 다（休む）	ㅟ＋ㅓ	쉬어요（休みます）
띄 다（目立つ）	ㅢ＋ㅓ	띄어요（目立ちます）

＊印のものは実際は使わない形です。

練習 1 次の表現を例のように直してみましょう。

例 도쿄에 오다（東京に来る）	도쿄에 와요（東京に来ます）
신문을 보다（新聞を読む）	
국을 데우다（スープを温める）	
대학에 다니다（大学に通う）	
사장이 되다（社長になる）＋？	
가슴이 뛰 다（胸が躍る）	
약속이 바뀌다（約束が変わる）	
눈에 띄다（目立つ）	

練習 2 日本語に直してみましょう。

(1) 어제 영화를 봤어요 .(어제（オジェ）: 昨日、영화（ヨンファ）: 映画、보다（ポダ）: 見る)

---

(2) 요즘 요가를 배워요 .(요즘（ヨジュム）: 最近、요가（ヨガ）: ヨガ、배우다（ペウダ）: 習う)

---

(3) 막걸리를 마셨어요 ?(막걸리（マッコルリ）: マッコリ、마시다（マシダ）: 飲む)

---

(4) 오늘 오후에는 좀 뛰어요 !(오후（オフ）: 午後、좀（チョム）: ちょっと、뛰다（ットゥィダ）: 走る)

練習 3 韓国語に直してみましょう。(「-아요/어요」を使って)

(1) 明日、会社に来ます。(明日 : 내일（ネイル）、会社 : 회사（フェサ）)

---

(2) 昨日、お酒を飲みましたか。(お酒 : 술（スル）、飲む : 마시다（マシダ）)

---

(3) 来年 (に)、社長になります。(来年 : 내년（ネニョン）、社長 : 사장（サジャン）、なる : 되다（トゥェダ）)

---

(4) 土曜日には休みます。(土曜日 : 토요일（トヨイル）、休む : 쉬다（シュィダ）)

暮らしの韓国語単語 15〈飲み物〉

コーヒー	ココア	紅茶	緑茶	人参茶	ジュース	ミネラルウォーター
커피（コピ）	코코아（ココア）	홍차（ホンチャ）	녹차（ノクチャ）	인삼차（インサムチャ）	주스（チュス）	생수（センス）

＊「생수」は「生水」という漢字語ですが、おもに「ミネラルウォーター」のことを指します。

テクシルル アン タヨ
택시를 안 타요.

タクシーに乗りません。

(～ない) [否定①] ／ (～ません／ませんか、～くありません／くありませんか) [否定②]

基本例文

TRACK 38

❶ A:오늘도 택시를 타요 ?
今日もタクシーに乗りますか。

B:오늘은 택시를 안 타요 .
今日はタクシーに乗りません。

❷ A:저녁을 먹었어요 ?
夕食を食べましたか。

B:아직 안 먹었어요 .
まだ、食べていません。

❸ A:야채를 많이 드세요 ?
野菜をいっぱい召し上がりますか。

B:야채를 별로 먹지 않아요 .
野菜をあまり食べません。

❹ A:오늘은 날씨가 좋아요 ?
今日は天気がいいですか。

B:그다지 좋지 않아요 .
あまりよくありません。

語句

❶ □택시：タクシー□타요？：乗りますか*타다の해요体の疑問形□안 타요：乗りません*타다の해요体の否定平叙形 ❷ □저녁：夕食□먹었어요？：食べましたか*먹다の해요体の過去疑問形□아직：まだ□안 먹었어요：食べていません*먹다の해요体の過去否定平叙形 ❸ □야채 [野菜]：□많이：たくさん□드세요？：召し上がりますか□별로 [別-]：あまり□먹지 않아요：食べません*먹다の해요体の否定平叙形 ❹ □날씨：天気□그다지：あまり□좋지 않아요：よくありません*좋다の해요体の否定平叙形

안 + 動詞・形容詞
〜ない［否定①］
動詞・形容詞の語幹＋지 않아요
〜ません／ませんか、〜くありません／くありませんか［否定②］

①動詞や形容詞の前に「안」をつけると否定の「〜ない」という意味になります。

먹어요 → 안 먹어요 (?)　**좋아요 → 안 좋아요 (?)**
食べます　食べないです（か）　よい　よくないです（か）

また、「공부하다（勉強する）」「이야기하다（話す）」などのように「名詞＋하다」の「하다動詞」の場合は、名詞と「하다」の間に「안」を入れます。

공부해요 → 공부 안 해요
勉強します　勉強しないです

形容詞の場合はそのまま、前に「안」をつける！

②また、動詞や形容詞の語幹に「-지 않아요?」をつけると、「〜ません／ませんか」、「〜くありません／くありませんか」という意味になります。

먹다 → 먹지 않아요 (?)　**좋다 → 좋지 않아요 (?)**
食べる　食べません（か）　よい　よくありません（か）

基本例文の発音　［　］の中は発音通りのハングル表記

❶ □오늘도□택시를 ［택씨를］ □타요?□안 타요 ❷ □저녁을 ［저녀글］ □먹었어요? ［머거써요］ □아직□안 먹었어요? ［안머거써요］ ❸ □야채를 □많이 ［마니］ □드세요?□ 별로: □먹지 않아요? ［먹찌아나요］ ❹ □오늘은 ［오느른］ □날씨가□그다지□좋지 않아요 ［조치아나요］

トレーニング

> 😊「食べない」は「<ruby>安<rt>アン</rt></ruby>食べる」
> 「行かない」は「<ruby>安<rt>アン</rt></ruby>行く」だね!

[否定①]	<ruby>안<rt>アン</rt></ruby>+動詞・形容詞
<ruby>밥을 먹다<rt>パブル モクタ</rt></ruby>(ご飯を食べる)	밥을 안 먹어요 (ご飯を食べません)
<ruby>자주 연락하다<rt>チャジュ ヨルラ カダ</rt></ruby>(たびたび連絡する)	자주 연락 안 해요 (たびたび連絡しません)
<ruby>날씨가 좋다<rt>ナルッシガ チョタ</rt></ruby>(天気がよい)	날씨가 안 좋아요 (天気がよくありません)
[否定②]	語幹+지 않<ruby>아<rt>ア</rt></ruby>요 (~ません・~くありません)
<ruby>책을 읽다<rt>チェグル イクタ</rt></ruby>(本を読む) + ?	책을 읽지 않아요?(本を読みませんか)
<ruby>빵을 좋아하다<rt>ッパンウル チョ ア ハ ダ</rt></ruby>(パンが好きだ)	빵을 좋아하지 않아요 (パンが好きではありません)
<ruby>술이 싫다<rt>ス リ シルタ</rt></ruby>(お酒が嫌いだ) + ?	술이 싫지 않아요?(お酒が嫌いでありませんか)

練習 1 次の表現を例のように直してみましょう。

例 <ruby>회사에 가다<rt>フェ サエ カダ</rt></ruby>(会社に行く)	<ruby>회사에 안 가요/가지 않아요<rt>フェ サ エ アン ガ ヨ カジ ア ナ ヨ</rt></ruby> (会社に行きません)
<ruby>점심을 먹다<rt>チョムシムル モクタ</rt></ruby>(昼ご飯を食べる)	
<ruby>밖에서 놀다<rt>パッケソ ノルダ</rt></ruby>(外で遊ぶ)	
<ruby>값이 비싸다<rt>カプシ ピッサダ</rt></ruby>(値段が高い)	
<ruby>집이 작다<rt>チ ビ チャクタ</rt></ruby>(家が小さい) + ?	
<ruby>방이 깨끗하다<rt>パンイ ッケックッタダ</rt></ruby>(部屋がきれいだ)	
<ruby>자주 연락하다<rt>チャジュ ヨルラ カダ</rt></ruby>(よく連絡する) + ?	

練習 2 日本語に直してみましょう。

(1) 오늘은 친구를 안 만나요 .（친구：友だち、만나다：会う）

---

(2) 아직 점심을 안 먹었어요 .（아직：まだ、점 심：昼ご飯）

---

(3) 숙제를 아직 하지 않았어요？（숙제：宿題、하다：する）

---

(4) 공원이 별로 깨끗하지 않아요 .（별로：あまり、：깨끗하다きれいだ）

練習 3 韓国語に直してみましょう。（(1)(2)は「안 - 아요 / 어요」、(3)(4)は「- 지 않아요(?)」を使って）

(1) 明日は学校に行きません。（明日：내일、学校：학교、行く：가다）

---

(2) 今日は掃除しません。（掃除する：청소하다）

---

(3) 天気がよくありませんか。（天気：날씨、よい：좋다）

---

(4) カフェが静かではありません。（カフェ：카페、静かだ：조용하다）

暮らしの韓国語単語 16〈乗り物〉

タクシー	バス	地下鉄	飛行機	船	自動車	自転車	オートバイ
택시	버스	지하 철	비행기	배	자동차	자전거	오토바이
テクシ	ポス	チハチョル	ピヘンギ	ペ	チャドンチャ	チャジョンゴ	オトバイ

미국에 못 가요.

ミ　グ　ゲ　モッ　カ　ヨ

アメリカに行けません。

（～できない）［不可能①］／（～することができません／できませんか）［不可能②］

基本例文

TRACK 39

❶ A:내년에 미국에 유학 가요?
来年、アメリカに留学に行きますか。

B:미국에 못 가요.
アメリカに行けません。

❷ A:요즘도 매일 운동해요?
最近も毎日運動していますか。

B:요즘은 매일 운동 못 해요.
最近は毎日、運動できません。

❸ A:김치는 잘 먹지 못해요?
キムチはよく食べられませんか。

B:아직 잘 먹지 못해요.
まだ、よく食べられません。

❹ A:그 음식은 건강에 좋지 못해요.
あの食べ物は健康によくありません。

B:기름기가 너무 많죠!?
油気が多すぎるでしょう!?

語句

❶ □내년［来年］□미국［美国］：米国□유학［留学］□못 가요：行けません*가다の해요体の不可能平叙形　❷ 운동해요?：運動しますか*운동하다の해요体の疑問形□운동 못 해요：運動できません*운동하다の해요体の不可能平叙形　❸ □먹지 못 해요?：食べられませんか□아직：まだ　❹ □음식［飲食］：食べ物、料理□건강［健康］□좋지 못해요：よくありません□기름기：油気□많죠!?：多いでしょう!?

못＋動詞　～できない［不可能①］
動詞・形容詞の語幹＋지 못해요 (?)
～（する）ことができません／できませんか［不可能②］

日本語で「～できない」という不可能形に当たる韓国語は2通りがあります。

1つは①動詞の前に「못」をつける形で、もう1つは②「語幹＋지 못해요」です。「못-」の方がよりくだけた表現です。

①가요 → 못 가요 (?)　　**찾다 → 못 찾아요 (?)**
行きます　行けません（か）　　探す　探せません（か）

また、「공부하다（勉強する）」「이야기하다（話す）」などのように「名詞＋하다」の「하다動詞」の場合は、名詞と「하다」の間に「못」を入れます。

공부해요 → 공부 못 해요 (?)
勉強します　勉強できないです（か）

②보다 → 보지 못해요 (?)　　**먹다 → 먹지 못해요 (?)**
見る　見られません（か）　　食べる　食べられません（か）

基本例文の発音　［　］の中は発音通りのハングル表記

❶ □내년에 ［내녀네］ □미국에 ［미구게］ □유학□가요□못 가요 ［몯까요］
❷ □요즘도□매일□운동해요?□운동 못 해요 ［운동모태요］ ❸ □김치는□잘□먹지 못해요? ［먹찌모태요］ □아직 ❹ □음식은 ［음시근］ □건강에□좋지 못해요 ［조치모태요］ □기름기가 ［기름끼가］ □많죠!? ［만초］

「食べられないは」は
「못 食べる」
「行けない」は
「못 行く」だね！

トレーニング

[不可能①]	못(モッ)+動詞
밥을 먹다(パブル モクッタ)（ご飯を食べる）	밥을 못 먹어요（ご飯を食べられません）
빵을 만들다(ッパンウル マンドゥルダ)（パンを作る）＋？	빵을 못 만들어요？（パンが作れませんか）
자주 이야기하다(チャジュ イヤギハダ)（たびたび話す）	자주 이야기 못 해요（たびたび話せません）
[不可能②]	動詞の語幹＋지 못해요(チ モテヨ)
책을 읽다(チェグル イクタ)（本を読む）＋？	책을 읽지 못해요？（本を読めませんか）
빵을 만들다(ッパンウル マンドゥルダ)（パンを作る）	빵을 만들지 못해요（パンが作れません）
영어로 말하다(ヨンオロ マラダ)（英語で話す）	영어로 말하지 못해요（英語で話せません）

練習1　次の表現を例のように直してみましょう。

例　밥을 먹다(パブル モクタ)（ご飯を食べる）	밥을 못 먹어요/밥을 먹지 못해요(パブル モン モゴヨ／パブル モクチ モテヨ) （ご飯が食べられません）
공원에 가다(コンウォネ カダ)（公園に行く）＋？	
드라마를 보다(トゥラマルル ポダ)（ドラマを見る）	
머리를 감다(モリルル カムタ)（髪を洗う）	
창문을 닫다(チャンムヌル タッタ)（窓を閉める）＋？	
집을 계약하다(チブル ケヤカダ)（家を契約する）	

練習 2 日本語に直してみましょう。

(1) 오늘은 친구를 못 만나요.（오늘(オヌル):今日、친구(チング):友だち、만나다(マンナダ):会う）

---

(2) 아직 점심을 못 먹었어요.（아직(アジク):まだ、점심(チョムシム):昼、먹다(モクタ):食べる）

---

(3) 숙제를 아직 하지 못했어요?（숙제(スクチェ):宿題）

---

(4) 후배한테 연락하지 못했어요.（후배(フベ):後輩、연락하다(ヨルラカダ):連絡する）

練習 3 韓国語に直してみましょう。（(1)(2)は「못 -아요/어요」、(3)(4)」は「-지 못해요)」を使って）

(1) 明日は学校に行けません。（明日:내일(ネイル)、学校:학교(ハッキョ)、行く:가다(カダ)）

---

(2) 今日は掃除できません。（今日:오늘(オヌル)、掃除する:청소하다(チョンソハダ)）

---

(3) 演劇のチケットを予約できませんでした。（演劇:연극(ヨングク)、チケット:표(ピョ)、予約する:예약하다(イェヤカダ)）

---

(4) まだ、日にちを決められませんでした。（日にち:날짜(ナルッチャ)、決める:정하다(チョンハダ)）

暮らしの韓国語単語 17〈国名〉

中国	インド	アメリカ	イギリス	フランス	ドイツ	ロシア	オーストラリア
중국(チュングク)	인도(インド)	미국(ミグク)	영국(ヨングク)	프랑스(プランス)	독일(トギル)	러시아(ロシア)	호주(ホジュ)

オ ヌル ド ナルッシ ガ チョチョ
오늘도 날씨가 좋죠?

今日も天気がいいでしょう？

(～ましょう・～でしょう・～ますね・～ですね)[勧誘・同意・確認]

基本例文

TRACK 40

❶ A:오늘도 날씨가 좋죠?
今日も天気がいいでしょう?

B:정말 좋네요.
本当にいいですね。

❷ A:이 불고기가 맛있죠?
この焼き肉はおいしいでしょう?

B:이 꽃등심은 정말 맛있네요.
この霜降りは本当においしいですね。

❸ A:오늘 점심은 뭘 먹죠?
今日の昼ご飯は何を食べましょうか。

B:짜장면과 탕수육을 시켜 먹죠.
チャジャンミョンと酢豚の出前を取りましょう。

❹ A:따님은 아직 대학생이죠?
娘さんはまだ、大学生ですよね?

B:아뇨, 작년에 졸업했어요.
いいえ、去年、卒業しました。

語句

❶ □좋죠?：いいでしょう?□정말：本当に□좋네요：いいですね ❷ □불고기：焼き肉□맛있죠?：おいしいでしょう?□꽃등심：霜降り□정말：本当に□맛있네요：おいしいですね ❸ □먹죠?：食べましょうか□짜장면：チャジャンミョン＊韓国風のジャージャンメン。자장면とも言う。□탕수육［糖水肉］：酢豚□시켜：注文して＊시키다（させる、注文する）の連用形□먹죠：食べましょう ❹ □따님：娘さん＊息子さんは아드님□ - 이죠?：～ですよね?、～でしょう?□작년［昨年］：去年□졸업했어요［卒業 - ］：卒業しました

動詞・形容詞の語幹＋죠 (?)

～ましょう・～でしょう・～ますね・～ですね［勧誘・同意・確認］

動詞や形容詞などの語幹に「-죠(?)」をつけると、

①相手に誘いかける：～ましょう

오늘 만나죠. 今日、会いましょう。

②同意を求める：～ますね、～ですね

이 옷은 예쁘죠? この服はきれいですよね。

③確認する：～ますね、～ましょうね、～ですね、～でしょうね

그 사람은 가수죠? あの人は歌手ですよね。

という意味になります。

먹다 → 먹죠 / 먹었죠
食べる　食べましょう / 食べたでしょう

좋다 → 좋죠 / 좋았죠
よい　よいでしょう / よかったでしょう

また、過去形は「먹었죠(?)」「좋았죠(?)」のように動詞・形容詞の陽母音語幹には「았죠」、陰母音語幹には「었죠」をつけます。

基本例文の発音　［　］の中は発音通りのハングル表記

❶ □오늘도□날씨가□좋죠? [조초] □정 말□좋 네요 [존네요] ❷ □불고기 □맛있죠? [마신쪼] □꽃 등 심 [꼳뜽심] □맛있네요 [마신네요] ❸ □먹죠? [먹쪼] □짜 장 면 과 □탕수육을 [탕수유글] □시켜 ❹ □따님 □대학생이죠? [대학쌩이조] □작년에 [장녀네] 졸업했어요 [조러패써요]

トレーニング

「좋죠？」は「いいでしょう？」という意味だね！

時制	「-죠(?)」(～ますね・～ですね)
現在形	語幹＋죠(?)
비가 오다 (雨が降る)	비가 오죠 (雨が降ります)
친구를 기다리다 (友だちを待つ) ＋？	친구를 기다리죠？(友だちを待ちますね？)
안경이 멋있다 (眼鏡が素敵だ) ＋？	안경이 멋있죠？(眼鏡が素敵でしょう？)
過去形	語幹＋았죠/었죠(?)
책을 읽다 (本を読む)	책을 읽었죠 (本を読みましたよ)
공기가 차다 (空気が冷たい) ＋？	공기가 찼죠？(空気が冷たかったでしょうね？)
형이 의사이다 (兄が医者だ) ＋？	형이 의사였죠？(兄が医者でしたね？)

練習 1 次の表現を例のように直してみましょう。

例 비가 오다 (雨が降る) ＋？	비가 오죠？/왔죠？ (雨が降るでしょう？／降ったでしょう？)
점심을 먹다 (昼ご飯を食べる) ＋？	
한강이 넓다 (漢江が広い) ＋！	
교실이 조용하다 (教室が静かだ) ＋？	
동생이 군인이다 (弟が軍人である) ＋？	
여행을 즐기다 (旅行を楽しむ) ＋！	
하늘이 맑다 (空が晴れる) ＋？	

練習 2 日本語に直してみましょう。

(1) 오후에 같이 백화점에 가죠!(오후(オフ):午後、백화점(ペクワジョム):百貨店、가다(カダ):行く)

---

(2) 세월이 참 빠르죠?(세월(セウォル):歳月、月日、빠르다(ッパルダ):速い)

---

(3) 어제는 회사 일이 바빴죠?(어제(オジェ):昨日、회사 일(フェサ イル):会社の仕事)

---

(4) 이 집 불고기는 참 맛있죠!(집(チプ):家、お店、불고기(プルゴギ):焼き肉、맛있다(マシッタ):おいしい)

練習 3 韓国語に直してみましょう。(「-죠」を使って)

(1) 昨日が誕生日でしたね。(昨日:어제(オジェ)、誕生日:생일(センイル))

---

(2) お昼はチャンポンを食べましょう!(お昼:점심(チョムシム)、チャンポン:짬뽕(ッチャムッポン))

---

(3) いっしょにソウルに行きましょう!(같이(カチ):いっしょに、ソウル:서울(ソウル))

---

(4) 今日は天気が暖かいでしょ?(今日:오늘(オヌル)、天気:날씨(ナルッシ)、따뜻하다(ッタットゥタダ):暖かい)

暮らしの韓国語単語 18〈趣味〉

旅行	登山	釣り	生け花	茶道	ゲーム	料理	音楽鑑賞
여행(ヨヘン)	등산(トゥンサン)	낚시(ナクシ)	꽃꽂이(ッコッコジ)	다도(タド)	게임(ケイム)	요리(ヨリ)	음악감상(ウマクカムサン)

*「등산(登山)」は韓国人の好きな趣味の定番ですが、本格的な登山だけでなく、ハイキングなども含まれます。

ネイルン　パップニッカ　トヨイレ　マンナヨ
내일은 바쁘니까 토요일에 만나요!

明日は忙しいから土曜日に会いましょう。

((1)〜から・〜ので)[原因・理由①]・((2)〜すると・〜したら)[発見]

基本例文

TRACK 41

❶ A:내일 만날 수 있어요？
明日、会うことができますか。

B:내일은 바쁘니까 토요일에 만나요！
明日は忙しいから土曜日に会いましょう。

❷ A:감기는 어때요？
風邪はいかがですか。

B:약을 먹으니까 좀 좋아졌어요.
薬を飲んだら、ちょっとよくなりました。

❸ A:날씨가 좋으니까 놀러 가요！
天気がいいから遊びに行きましょう。

B:한강에 가서 자전거를 타요！
ハンガンに行って自転車に乗りましょう。

❹ A:아직 어린이니까 잘 몰라요.
まだ、子どもなので よくわかりません。

B:어리니까 잘 모르겠죠 !?
幼いからよくわからないでしょう！?

語句

❶ □내일［来日］：明日□바쁘니까：忙しいから□토요일［土曜日］□만나요！：会いましょう＊만나다の해요体の勧誘形　❷ □감기［感気］：風邪□어때요？：いかがですか□약［薬］□먹으니까：食べたら、飲んだら＊먹다（食べる）には「薬を飲む」という意味もある□좋아지다：よくなる　❸ □좋으니까：いいから□놀러：遊びに□한강［漢江］：ハンガン□가서：行って□자전거［自転車］□타요！：乗りましょう＊타다の해요体の勧誘形　❹ □어린이：子ども□-니까：〜なので□몰라요：わかりません＊모르다の해요体の平叙形□어리니까：幼いから□모르겠죠 !?：わからないでしょう !?

動詞・形容詞の語幹＋(으(ウ))니까(ニッカ)

(1)～から・～ので［原因・理由①］(2)～すると・～したら［発見］

(1) 動詞や形容詞の語幹に、「-(으(ウ))니까(ニッカ)」をつけると「～から」「～ので」という意味になります。語幹末にパッチムがない場合は「-니까(ニッカ)」、ある場合は「-으니까(ウニッカ)」をつけます。後続文には、勧誘、命令、禁止などの表現が用いられます。なお、名詞には「-(이(イ))니까(ニッカ)」をつけます。

보다(ポダ)	→ 보니까(ポニッカ)	좋다(チョタ)	→ 좋으니까(チョウニッカ)	가수(カス)	→ 가수니까(カスニッカ)
見る	見るから	よい	よいので	歌手	歌手なので

(2) また、「-(으(ウ))니까(ニッカ)」は動詞の語幹につけられ、「～すると、～したら」という発見の意味を表す場合にも使われます。

보다(ポダ)	→ 보니까(ポニッカ)	먹다(モクタ)	→ 먹으니까(モグニッカ)
見る	見たら	食べる	食べると

基本例文の発音　［　］の中は発音通りのハングル表記

❶ □내일(ネイル)□만날 수(マンナル ス) ［만날 쑤］ □내일은(ネイルン) ［내이른］ □바쁘니까(パップニッカ)□토요일에(トヨイレ) ［토요이레］ □만나요(マンナヨ)! ❷ □감기는(カムギヌン)□어때요(オッテヨ)?□약을(ヤグル) ［야글］ □먹으니까(モグニッカ) ［머그니까］ □좋아졌어요(チョアジョッソヨ) ［조아저써요］ ❸ □좋으니까(チョウニッカ) ［조으니까］ □놀러(ノルロ)□한강에(ハンガンエ)□가서(カソ)□자전거를(チャジョンゴルル)□타요(タヨ) ❹ □어린이니까(オリニニッカ) ［어리니니까］ □몰라요(モルラヨ)□어리니까(オリニッカ)□모르겠죠(モルゲッチョ)!? ［모르겓쪼］

「-(으)니까」の後ろには勧誘、命令、禁止などが来る！「ウニッカ」は懐が深い！！

トレーニング

〈-(으)니까, -(이)니까〉

意味	「-(으)니까, -(이)니까」(～から・～ので)
原因・理由	語幹＋(으)니까、名詞＋(이)니까
비가 오다 (雨が降る)	비가 오니까 (雨が降るから)
날씨가 좋다 (天気がよい)	날씨가 좋으니까 (天気がよいから)
나는 학생이다 (僕は学生だ)	나는 학생이니까 (僕は学生なので)
発見	語幹＋(으)니까
아침에 일어나다 (朝、起きる)	아침에 일어나니까 (朝、起きると)
감기약을 먹다 (風邪薬を飲む)	감기약을 먹으니까 (風邪薬を飲んだら)

練習 1 次の表現を例のように直してみましょう。

例 비가 오다 (雨が降る)	비가 오니까 (雨が降るから)
피망을 싫어하다 (ピーマンが嫌いだ)	
방이 따뜻하다 (部屋が暖かい)	
형 은 의사다 (兄は医者だ)	
아침에 일어나다 (朝、起きる)	
친구를 만나다 (友だちに会う)	
책을 읽다 (本を読む)	

練習 2 日本語に直してみましょう。

(1)오늘은 일요일이니까 손님이 많아요. (일요일_{イリョイル}:日曜日、손님_{ソンニム}:お客さん)

(2)카페가 조용하니까 공부하기 좋아요.
（카페_{カペ}:カフェ、조용하다_{チョヨンハダ}:静かだ）

(3)길이 막히니까 지하철을 타요! (길_{キル}:道、막히다_{マキダ}:塞がる、混む)

(4)친구를 만나니까 기분이 좋아졌어요. (기분_{キブン}:気分、좋아지다_{チョアジダ}:よくなる)

練習 3 韓国語に直してみましょう。(「-(으)니까」を使って)

(1)花が好きなので、プレゼントします。(花:꽃_{ッコッ}、プレゼントする:선물하다_{ソンムラダ})

(2)今日は忙しいから、明日行きましょう。(忙しい:바쁘다_{パップダ}、내일_{ネイル}:明日)

(3)毎日、本を読んだら実力が伸びました。(実力:실력_{シルリョク}、伸びる:늘다_{ヌルダ})

(4)明日、友だちが来るので、会います。(来る:오다_{オダ}、会う:만나다_{マンナダ})

暮らしの韓国語単語 **19**〈曜日名〉

日曜日	月曜日	火曜日	水曜日	木曜日	金曜日	土曜日
일요일_{イリョイル}	월요일_{ウォリョイル}	화요일_{ファヨイル}	수요일_{スヨイル}	목요일_{モギョイル}	금요일_{クミョイル}	토요일_{トヨイル}

スクチェガ　マナソ　モッ　カヨ
숙제가 많아서 못 가요.

宿題が多くて行けません。

(～から・～ので)[原因・理由②]

基本例文

TRACK 42

❶ A:같이 영화 보러 가요!
いっしょに映画を見に行きましょう。

B:숙제가 많아서 못 가요.
宿題が多くて行けません。

❷ A:맛있으니까 더 드세요.
おいしいからもっと召し上がってください。

B:너무 많이 먹어서 배가 불러요.
食べすぎてお腹がいっぱいです。

❸ A:어제 왜 낚시 안 갔어요?
なんで、昨日、釣りに行きませんでしたか。

B:준비하기가 귀찮아서요.
準備するのが面倒くさいからです。

❹ A:아직 미성년자여서 술을 못 마셔요.
まだ、未成年者なので、お酒が飲めません。

B:한국도 마찬가지예요.
韓国も同じです。

語句

❶ □같이：いっしょに□영화［映画］□보러：見に□가요！：行きましょう*가다の해요体の勧誘形□숙제［宿題］□많다：多い□못 가요：行けません*가다の해요体の不可能形 ❷ □맛있다：おいしい□더：もっと□드세요：召し上がってください□너무：あまりにも□많이：たくさん□먹다：食べる ❸ □어제：昨日□왜：なぜ□낚시：釣り□준비하다［準備−］：準備する□귀찮다：面倒だ ❹ □아직：まだ□미성년자［未成年者］□-여서：～なので□술：お酒□못 마셔요：飲めません*마시다の해요体の不可能形□한국［韓国］□마찬가지：同じ

動詞・形容詞の語幹＋아서_{アソ}／어서_{オソ}

～から・～ので［原因・理由②］

　動詞や形容詞の語幹に「-아서_{アソ}/어서_{オソ}」をつけると「～ので」「～から」という意味になります。「-아서_{アソ}/어서_{オソ}」は、「-(으)니까_{ウニッカ}」（第19課参照）とは違って命令文や勧誘文の前提には使えません。

　語幹末の母音が陽母音の場合は「-아서_{アソ}」、陰母音の場合は「-어서_{オソ}」をつけます。また、「-아서_{アソ}」「-어서_{オソ}」の「서」が省略され、「-아_ア」「-어_オ」だけで使われる場合も多いです。

받다_{パッタ} → **받아서**_{パダソ}
もらう　　　もらうので

좋다_{チョタ} → **좋아서**_{チョアソ}
よい　　　よくて

　また、名詞にはパッチムがない場合は「-여서_{ヨソ}」、パッチムがある場合は「-이어서_{イオソ}」をつけます。

가수_{カス} → **가수여서**_{カスヨソ}
歌手　　　歌手なので

회사원_{フェサウォン} → **회사원이어서**_{フェサウォニオソ}
会社員　　　会社員なので

基本例文の発音 　[] の中は発音通りのハングル表記

❶ □같이_{カチ} [가치] □영화_{ヨンファ}□보러_{ポロ}□가요!_{カヨ} □숙제가_{スクチェガ} [숙쩨가] □많아서_{マナソ} [마나서] □못 가요_{モッカヨ} [몯까요] ❷ □맛있으니까_{マシッスニッカ} [마시쓰니까] □더_{トッ}□드세요_{トゥセヨ}□너무_{ノム}□많이_{マニ} [마니] □먹어서_{モゴソ} [머거서] ❸ □어제_{オジェ}□왜_{ウェ}□낚시_{ナクシ} [낙씨] □안 갔어요?_{アンガッソヨ} [안 가써요] □준비하기가_{チュンビハギガ}□귀찮아서요_{クィチャナソヨ} [귀차나서요] ❹ □미성년자여서_{ミソンニョンジャヨソ}□술을_{スルル} [수를] □못 마셔요_{モンマショヨ} [몬마셔요] □한국도_{ハングクト} [한국또] □마찬가지예요_{マチャンガジエヨ}

「-아서/어서」は勧誘、命令、禁止などといっしょに使えないか!?
器ちいちゃい!

トレーニング

品詞	「-아서/어서, -여서-이어서」(〜から・ので)
動詞・形容詞	語幹＋아서/어서
비가 오다（雨が降る）	비가 와서（雨が降っているので）
날씨가 좋다（天気がよい）	날씨가 좋아서（天気がよくて）
저녁을 먹다（夕食を食べる）	저녁을 먹어서（夕食を食べて）
방이 시원하다（部屋が涼しい）	방이 시원해서（部屋が涼しくて）
名詞	名詞＋여서/이어서
동생은 배우다（妹は俳優だ）	동생은 배우여서（妹は俳優なので）
오늘은 생일이다（今日は誕生日だ）	오늘은 생일이어서（今日は誕生日なので）

練習1 次の表現を例のように直してみましょう。

例 비가 오다（雨が降る）	비가 와서（雨が降って）
반찬이 맛있다（おかずがおいしい）	
책을 읽다（本を読む）	
청소를 하다（掃除をする）	
형은 간호사다（兄は看護師だ）	
오늘은 토요일이다（今日は土曜日だ）	

練習2 日本語に直してみましょう。

（1）오늘은 추석이어서 길이 밀려요. (추석〔チュソク〕:秋夕＊韓国の旧盆、길〔キル〕:道、밀리다〔ミルリダ〕:渋滞する)

（2）많이 먹어서 배가 불러요. (많이〔マニ〕:たくさん、배〔ペ〕:お腹、부르다〔プルダ〕:いっぱいだ)

（3）버스를 놓쳐서 지각했어요. (놓치다〔ノチダ〕:逃す、乗り遅れる、지각하다〔チガカダ〕:遅刻する)

（4）온돌이 따뜻해서 푹 잤어요. (온돌〔オンドル〕:オンドル、따뜻하다〔ッタットゥタダ〕:温かい、푹〔プク〕:ぐっすり)

練習3 韓国語に直してみましょう。(「- 아서 / 어서」を使って)

（1）カルビが好きなので、よく食べます。(カルビ:갈비〔カルビ〕、好きだ:좋아하다〔チョアハダ〕、よく:자주〔チャジュ〕)

（2）このカフェは静かなので、大好きです。(カフェ:카페〔カペ〕、静かだ:조용하다〔チョヨンハダ〕、大好きだ:아주 좋아하다〔アジュ チョアハダ〕)

（3）天気が爽やかなので、気分がいいです。(爽やかだ:상쾌하다〔サンクェハダ〕、気分:기분〔キブン〕)

（4）交通が便利なので、住みやすいです。(交通:교통〔キョトン〕、便利だ:편리하다〔ピョルリハダ〕、住みやすい:살기 좋다〔サルギ チョタ〕)

暮らしの韓国語単語 20〈勉強〉

宿題	勉強	予習	復習	練習	単語	文法	発音
숙제〔スクチェ〕	공부〔コンブ〕	예습〔イェスプ〕	복습〔ポクスプ〕	연습〔ヨンスプ〕	단어〔タノ〕	문법〔ムンポプ〕	발음〔パルム〕

＊「공부」は「勉強」という意味ですが、漢字では「工夫」と書きます。このように韓国語と日本語の間には同じ字面の漢字語でも意味が違うものが多々あります。

가을에 오세요!
カウレ　オセヨ

秋に来てください。

(～なさいます／なさいますか・～でいらっしゃいます／でいらっしゃいますか・～てください)
[尊敬・丁寧な依頼]

基本例文

TRACK 43

❶ A:언제 경치가 제일 좋아요 ?
いつ、いちばん景色がいいですか。

B:가을에 오세요 ! 경치가 최고예요 .
秋に来てください。景色が最高です。

❷ A:요즘도 매일 운동을 하세요 ?
最近も毎日、運動をなさっていますか。

B:네 , 하루에 두 시간씩 걸어요 .
はい、1日2時間ずつ歩きます。

❸ A:손님 뭘 찾으세요 ?
お客さん、何をお探しですか。

B:양말하고 장갑요 .
靴下と手袋です。

❹ A:이 옷은 좀 크세요 ?
この服はちょっと大きいですか。

B:아뇨 , 딱 맞아요 .
いいえ、ぴったり合います。

語句

❶ □경치 [景致]:景色□제일 [第一]:一番□가을:秋□오세요:来てください□최고 [最高] ❷ □요즘:最近□매일 [毎日] □운동 [運動] □하세요 ?:されますか、なさいますか□하루:1日□두 시간 [- 時間] 2時間:□ - 씩:～ずつ□걸어요:歩きます*걷다の해요体の平叙形、걷다はㄷ変則　❸ □손님:お客さん□찾으세요 ?:お探しですか□양말 [洋襪]:靴下□장갑 [掌匣]:手袋　❹ □옷:服□크세요 ?:大きいですか□딱:ぴったり□맞아요:合います

動詞の語幹＋(으)세요(?)

～なさいます／なさいますか・～でいらっしゃいます／でいらっしゃいますか・～てください
［尊敬・丁寧な依頼］

動詞や形容詞などの母音語幹に「-세요」、子音語幹に「-(으)세요」をつけると、「보세요（見てください）」「읽으세요(?)（お読みになります（か））」のように「お～になります（か）」や「～てください」という意味になります。

보다 → 보세요
見る　見てください

읽다 → 읽으세요
読む　お読みになります（か）

文型	意味
尊敬平叙文	신문을 보세요.（新聞をお読みになります。）
尊敬疑問文	신문을 보세요?（新聞をお読みになりますか。）
丁寧な依頼文	신문을 보세요!（新聞を読んでください。）

また、形容詞の場合、語幹に「-(으)세요」をつけると、「～でいらっしゃいます（か）」「お～です（か）」という尊敬の意味になります。

바쁘다 → 바쁘세요（?）
忙しい　お忙しいです（か）

좋다 → 좋으세요（?）
よい　よろしいです（か）

基本例文の発音　［　］の中は発音通りのハングル表記

❶ □언제□경치가□제일□좋아요? ［조아요］ □가을에 ［가으레］ □오세요□최고예요 ［최고에요］ ❷ □요즘도□매일□운동을□하세요?□하루에□두 시간씩 □걸어요 ［거러요］ ❸ □손님□찾으세요? ［차즈세요］ □양말하고 ［양마라고］ □장갑요 ［장감뇨］ ❹ □옷은 ［오슨］ □크세요?□ 딱 맞아요 ［땅마자요］

「안녕하세요？」のもともとの意味は「安寧でいらっしゃいますか」だね！

トレーニング

〈-(으)세요〉

品詞	ウ　セ　ヨ 「-(으)세요」
動詞	ウ　セ　ヨ 語幹＋(으)세요 ～なさいます(か)、～てください！
イルッチク　イ　ロ　ナ　ダ 일찍 일어나다 (早く起きる)	일찍 일어나세요 (早く起きられます)
ネ イ ル　カ　ダ 내일 가다 (明日、行く)！	내일 가세요！(明日、お行きください)
チェグル　イクタ 책을 읽다 (本を読む) ＋？	책을 읽으세요？(本をお読みになりますか)
形容詞	ウ　セ　ヨ 語幹＋(으)세요 ～でいらっしゃいます(か)
ヨジュム　パップ ダ 요즘 바쁘다 (最近は忙しい)	요즘은 바쁘세요 (最近はお忙しいです)
コンガンイ　チョタ 건강이 좋다 (健康がよい) ＋？	건강이 좋으세요？(お元気ですか)

練習 1 次の表現を例のように直してみましょう。

例　オヌル マンナ ダ 오늘 만나다 (今日、会う) ＋？	オヌル マンナセヨ 오늘 만나세요？(今日、お会いになりますか)
ヨ ギ エ アンタ 여기에 앉다 (ここに座る)	
シ ガ ニ イッタ 시간이 있다 (時間がある) ＋？	
メイル チョンソハダ 매일 청소하다 (毎日、掃除する)	
ナルッシガ クェンチャンタ 날씨가 괜찮다 (天気がよい) ＋？	
チョンマル キップダ 정말 기쁘다 (本当にうれしい) ＋？	

練習 2 日本語に直してみましょう。

(1) 여기에 이름과 전화번호를 쓰세요.(이름(イルム):名前、전화번호(チョヌワボノ):電話番号)

(2) 무슨 신문을 받으세요?(무슨(ムスン):何、신문(シンムン):新聞、받다(パッタ):取る)

(3) 여러분! 조용히 하세요!(여러분(ヨロブン):みなさん、조용히(チョヨンヒ):静かに、하다(ハダ):する)

(4) 이 옷이 좀 크세요?(옷(オッ):服、좀(チョム):ちょっと、크다(クダ):大きい)

練習 3 韓国語に直してみましょう。(「-(으)세요(?)」を使って)

(1) 先生は今、食事されています。(先生:선생님(ソンセンニム)、食事する:식사하다(シクサハダ))

(2) 明日、お母さんがいらっしゃいますか。(明日:내일(ネイル)、お母さん:어머니(オモニ)、오다(オダ):来る)

(3) 今日の午後はお忙しいですか。(今日:오늘(オヌル)、午後:오후(オフ)、忙しい:바쁘다(パップダ))

(4) タクシーはあそこでお乗りください。(タクシー:택시(テクシ)、乗る:타다(タダ))

暮らしの韓国語単語 21〈季節など〉

春	夏	秋	冬	季節	紅葉	梅雨	台風
봄(ポム)	여름(ヨルム)	가을(カウル)	겨울(キョウル)	계절(ケジョル)	단풍(タンプン)	장마(チャンマ)	태풍(テプン)

22

チュ マ レ ムォル ハル コ エ ヨ

주말에 뭘 할 거예요?

週末に何をするつもりですか。

((1)～(する)つもりです／(する)つもりですか、(2)～と思います)[計画・予定・推測]

基本例文

TRACK 44

❶ A:주말에 뭘 할 거예요?
週末に何をするつもりですか。

B:친구를 만날 거예요.
友だちに会うつもりです。

❷ A:점심은 언제 먹으러 갈 거예요?
昼ご飯はいつ食べに行きますか。

B:오늘 점심은 늦게 먹을 거예요.
今日の昼ご飯は遅く食べます。

❸ A:내일 날씨는 어떨까요?
明日の天気はいかがでしょうか。

B:아마도 좋을 거예요.
多分、いいと思います。

❹ A:철수 동생은 대학에 다녀요?
チョルスの弟は大学に通っていますか。

B:아뇨, 아직 군대에 가 있을 거예요.
まだ、軍隊に行っていると思います。

語句

❶ □주말［週末］□뭘：何を□할 거예요?：するつもりですか□친구［親旧］：友だち□만날 거예요：会うつもりです ❷ □점심［点心］：昼ご飯□언제いつ□먹으러：食べに□갈 거예요?：行くつもりですか□늦게：遅く□먹을 거예요：食べると思います ❸ □내일［来日］：明日□날씨：天気□어떨까요?：いかがですか□좋을 거예요：いいと思います ❹ □동생［同生］：弟□대학［大学］□다녀요?：通いますか*다니다の해요体の疑問形□군대［軍隊］□가：行って*가다の連用形□있을 거예요：いると思います

動詞・形容詞の語幹＋(으)ㄹ 거예요(?)

(1)～(する)つもりです／(する)つもりですか、(2)～と思います[計画・予定・推測]

(1)「볼 거예요(?)」「먹을 거예요(?)」のように動詞の語幹に「-(으)ㄹ 거예요?」をつけると、「～(する)つもりです(か)」という意味になります。語幹にパッチムがない場合は「-ㄹ 거예요(?)」、ある場合は「-을 거예요(?)」をつけます。

보다 → 볼 거예요 (?)
見る　見るつもりです（か）

먹다 → 먹을 거예요 (?)
食べる　食べるつもりです（か）

(2) また、動詞や形容詞の語幹に「-(으)ㄹ 거예요」をつけると、「～でしょう、～と思います」という意味になります。

가다 → 갈 거예요
行く　行くでしょう

좋다 → 좋을 거예요
よい　よいでしょう

基本例文の発音　[ ]の中は発音通りのハングル表記

❶ □주말에 [주마레] □뭘□할 거예요? [할꺼에요] □친구를□만날 거예요 [만날꺼에요] ❷ □점심은 [점시믄] □언제□먹으러 [머그러] □갈 거예요? [갈꺼에요] □늦게 [늗께] □먹을 거예요 [머글꺼에요] ❸ □내일□날씨는□어떨까요?□좋을 거예요 [조을꺼에요] ❹ □동생은□대학에 [대하게] □다녀요?□군대에□가□있을 거예요 [이쓸꺼에요]

「볼 거예요」には「①見るつもりです」と「②見るでしょう」という意味があるんだね！

トレーニング

〈-(으)ㄹ 거예요〉

品詞	「語幹＋(으)ㄹ 거예요」
①動詞	～(する)つもりです
영화를 보다 (映画を見る)	영화를 볼 거예요 (映画を見るつもりです)
창문을 닦다 (窓を拭く)	창문을 닦을 거예요 (窓を拭くつもりです)
노래를 부르다 (歌を歌う)＋？	노래를 부를 거예요？(歌を歌うつもりですか)
②動詞・形容詞	～と思います
비가 오다 (雨が降る)	비가 올 거예요 (雨が降ると思います)
장미가 예쁘다 (バラがきれいだ)	장미가 예쁠 거예요 (バラがきれいでしょう)

練習 1 次の表現を例のように直してみましょう。

例 영화를 보다 (映画を見る)	영화를 볼 거예요 (映画を見るつもりです)
점심을 먹다 (昼ご飯を食べる)	
소설을 읽다 (小説を読む)＋？	
오늘도 공부하다 (今日も勉強する)	
例 비가 오다 (雨が降る)	비가 올 거예요 (雨が降ると思います)
날씨가 좋다 (天気がいい)	
여행을 가다 (旅行に行く)	

練習 2 日本語に直してみましょう。

(1) 다음 주에는 뭐 할 거예요? (다음 주：来週、뭐：何、하다：する)

(2) 택시를 탈 거예요? (택시：タクシー、타다：乗る)

(3) 회사는 가까울 거예요. (회사：会社、가깝다：近い)

(4) 백화점은 오늘은 놀 거예요. (백화점：百貨店、오늘：今日、놀다：遊ぶ、休む)

練習 3 韓国語に直してみましょう。(「-(으)ㄹ 거예요」を使って)

(1) 学校に早く行くつもりです。(学校：학교、早く：일찍、行く：가다)

(2) お昼はお弁当を食べるつもりです。(お昼：점심、お弁当：도시락)

(3) カフェで彼女に会うと思います。(カフェ：카페、彼女：여친 (←여자친구))

(4) この服はちょっと大きいでしょう。(服：옷、大きい：크다)

暮らしの韓国語単語 22〈とき〉

週末	昨日	今日	明日	午前	午後	昼	夜
チュマル	オジェ	オヌル	ネイル	オジョン	オフ	ナッ	パム
주말	어제	오늘	내일	오전	오후	낮	밤

23

ハンジョン シ グル　モ グル レ ヨ
한정식을 먹을래요.

韓定食を食べます。

((1)～しましょうか、(2)～します・～するつもりです)[意図・意向]

基本例文

TRACK 45

❶ A:오늘은 뭘 드실래요?
今日は何を召し上がりますか。

B:한정식을 먹을래요.
韓定食を食べます。

❷ A:같이 내일 명동에 안 갈래요?
いっしょに明日ミョンドンへ行きませんか。

B:나도 같이 갈래요.
私もいっしょに行きます。

❸ A:한잔 더 하지 않을래요?
もう一杯飲みませんか。

B:한잔만 더 마셔요.
あと一杯だけ飲みましょう。

❹ A:조금 더 기다릴래요?
もう少し待ちましょうか。

B:10분만 더 기다릴래요.
あと10分だけ待ちます。

語句

❶ □뭘：何を□드실래요?：召し上がりますか□한정식［韓定食］□먹을래요：食べます ❷ □명동［明洞］：ミョンドン＊ソウルの繁華街□안 갈래요?：行きませんか□갈래요：行きます ❸ □한 잔［-盞］：1杯□더：もっと□하지 않을래요?：しませんか□-만：～だけ□마셔요：飲みましょう＊마시다の해요体の勧誘形 ❹ □조금：ちょっと□기다릴래요?：待ちましょうか□기다릴래요：待ちます

動詞の語幹＋(으)ㄹ래요(?)

(1)～しましょうか、(2)～します・～するつもりです［意図・意向］

(1)「볼래요？(見ましょうか)」「먹을래요？(食べましょうか)」のように「-(으)ㄹ래요？」は(1)「～しましょうか」という意味です。相手の意図や意向を尋ねたり、軽く頼んだりするときに使います。語幹末にパッチムがない場合は「-ㄹ래요？」、ある場合は「-을래요？」をつけます。

①보다 → 볼래요？　　먹다 → 먹을래요？
見る　見ましょうか　　食べる　食べましょうか

(2)また「-(으)ㄹ래요」は「볼래요(見ます)」「먹을래요(食べます)」のように、「～します・～するつもりです」という意味にもなり、話し手の意志や意向を表すこともできます。

②보다 → 볼래요　　먹다 → 먹을래요
見る　見ます　　食べる　食べます

基本例文の発音　［　］の中は発音通りのハングル表記

❶ □뭘 □드실래요？□한정식을 ［한정시글］ □먹을래요 ［머글래요］
❷ □명동에□안 갈래요？□갈래요 ❸ □한 잔 □하지 않을래요？ ［하지아늘래요］ □한 잔만□마셔요 ❹ □조금□기다릴래요？□10분만 ［십뿐만］

トレーニング

「먹을래요(?)」には「食べましょうか」と「食べます」という両方の意味があるんだね！

〈-(으)ㄹ래요(?)〉

意味	「-(으)ㄹ래요?」
意図・意向の確認	語幹＋(으)ㄹ래요？ (1)〜ましょうか
오늘 가다 (今日、行く) ＋？	오늘 갈래요？(今日、行きましょうか)
더 기다리다 (もっと待つ) ＋？	더 기다릴래요？(もっと待ちましょうか)
소설을 읽다 (小説を読む) ＋？	소설을 읽을래요？(小説を読みましょうか)
意志・意向の表現	語幹＋(으)ㄹ래요 (2)〜ます
내일 만나다 (明日、会う)	내일 만날래요 (明日、会います)
이 옷을 입다 (この服を着る)	이 옷을 입을래요 (この服を着ます)
술을 안 마시다 (お酒を飲まない)	술을 안 마실래요 (お酒を飲みません)

練習 1 次の表現を例のように直してみましょう。

例 오늘 가다 (今日、行く) ＋？	오늘 갈래요？(今日、行きましょうか)
피아노를 치다 (ピアノを弾く) ＋？	
이 신문을 받다 (この新聞を取る) ＋？	
내일 만나다 (明日、会う)	
이제 잊다 (もう忘れる)	
안경을 벗다 (眼鏡を外す)	

練習 2 日本語に直してみましょう。

(1) 집에서 숙제를 할래요?(집(チブ):家、숙제(スクチェ):宿題、하다(ハダ):する)

---

(2) 저녁을 같이 드실래요?(저녁(チョニョク):夕食、같이(カチ):いっしょに、드시다(トゥシダ):召し上がる)

---

(3) 오늘 머리를 깎을래요.(머리(モリ):髪、깎다(ッカクタ):散髪する)

---

(4) 내일은 이 옷을 입을래요.(옷(オッ):服、입다(イプタ):着る)

練習 3 韓国語に直してみましょう。(「-(으)ㄹ래요(?)」を使って)

(1) このかばんを買いましょうか。(かばん:가방(カバン)、買う:사다(サダ))

---

(2) この本を読みましょうか。(本:책(チェク)、読む:읽다(イクタ))

---

(3) 明日、友だちに会います。(明日:내일(ネイル)、友だち:친구(チング)、会う:만나다(マンナダ))

---

(4) 今日、お昼は食べません。(今日:오늘(オヌル)、お昼:점심(チョムシム)、食べる:먹다(モクタ))

暮らしの韓国語単語 23〈韓国料理〉

韓定食	焼き肉	ビビンバ	サムゲタン	チャプチェ	タッカルビ	チジミ
ハンジョンシク 한정식	プルゴギ 불고기	ピビンパプ 비빔밥	サムゲタン 삼계탕	チャプチェ 잡채	タッカルビ 닭갈비	チジミ 지짐이

*「지짐이」は日本の焼肉店などでもよく使われていますが、朝鮮半島の南部地方でよく使われる表現で、ソウルなどでは「부침개」や「전(煎)」のほうをよく使います。

チェガ　チョヌヮ　パドゥルケヨ
제가 전화 받을게요.

私が電話に出ます。

((私が)〜ます)[決心・意志]

基本例文

TRACK 46

❶ A:누가 전화 좀 받으세요!
誰か、ちょっと電話に出てください。

B:제가 전화 받을게요.
私が電話に出ます。

❷ A:무슨 노래를 부를래요?
どんな歌を歌いますか。

B:한국 노래를 부를게요.
韓国の歌を歌います。

❸ A:어느 가방으로 하실래요?
どのかばんになさいますか。

B:이 가방으로 할게요.
このかばんにします。

❹ A:조금 더 드시겠습니까?
もう少し召し上がりますか。

B:이제 그만 먹겠습니다.
もう、これ以上食べません。

語句

❶ □누가:誰か、誰かが□전화 [電話] □받으세요:(もらってください→) 出てください□제가:私が□받을게요:(もらいます→) 出ます　❷ □무슨:何の、どんな□노래를:歌を□부를래요?:歌いましょうか□한국 [韓国] □부를게요:歌います　❸ □-으로:〜に□하실래요?:なさいますか □할게요:します　❹ □드시겠습니까?:召し上がりますか□이제:もう□그만:それくらいで、もう□먹겠습니다:食べます

動詞の語幹＋(으)ㄹ게요

(私が)～ます［決心・意志］

「볼게요(見ます)」「먹을게요(食べます)」のように、「-(으)ㄹ게요」は「(私が) ～ます」という意味で、語幹末にパッチムがない場合は「-ㄹ게요」、ある場合は「-을게요」をつけます。この表現は話し言葉で、比較的親しい間柄で多く使われます。

보다 → 볼게요　　**먹다 → 먹을게요**

見る　見ます　　食べる　食べます

また、「-(으)ㄹ게요」よりもっと丁寧な表現に「-겠습니다」という言い方があります。「보겠습니다(見ます／見させていただきます)」「먹겠습니다(食べます／いただきます)」のように動詞の語幹に「-겠습니다」をつけると、「(私が) ～します・～させていただきます」という意味になります。

보다 → 보겠습니다　　**먹다 → 먹겠습니다**

見る　見ます　　食べる　食べます

基本例文の発音　［　］の中は発音通りのハングル表記

❶ □누가□전화 [저놔] □받으세요 [바드세요] □제가□받을게요 [바들께요]
❷ □무슨□노래를□부를래요？□한국 노래 [한궁노래] □부를게요 [부를께요]
❸ □가방으로□하실래요？□할게요 [할께요]　❹ □조금 더 □드시겠습니까？ [드시겐씀니까] □이제□그만□먹겠습니다 [먹겐씀니다]

「가요」「갈게요」も「行きます」！でも、「갈게요」は「（このボクが）行きます」ということだね！

トレーニング

意味	〈-(으)ㄹ게요/-겠습니다〉（～ます）
決心・意志	語幹＋(으)ㄹ게요
조금 쉬다（ちょっと休む）	조금 쉴게요（ちょっと休みます）
먼저 먹다（先に食べる）	먼저 먹을게요（先に食べます）
오늘은 공부하다（今日は勉強する）	오늘은 공부할게요（今日は勉強します）
もっと丁寧な表現	語幹＋겠습니다
내일 만나다（明日、会う）	내일 만나겠습니다（明日、会います）
모르면 묻다（わからなければ尋ねる）	모르면 묻겠습니다（わからなければ尋ねます）
잘 알다（よくわかる）	잘 알겠습니다（よくわかりました）

練習 1 次の表現を例のように直してみましょう。

例 조금 쉬다（ちょっと休む）	例 조금 쉴게요（ちょっと休みます）
나중에 가다（あとで行く）	
빵을 먹다（パンを食べる）	
例 내일 만나다（明日、会う）	**내일 만나겠습니다（明日、会います）**
메일을 보내다（メールを送る）	
자동차에 싣다（車に載せる）	
약속을 믿다（約束を信じる）	

練習2 日本語に直してみましょう。

(1) 이따가 편지를 쓸게요.(이따가：あとで、편지：手紙、쓰다：書く)

(2) 다음 달에 서울에 갈게요.(다음 달：来月、가다：行く)

(3) 소리내서 책을 읽겠습니다.(소리내다：声に出す、읽다：読む)

(4) 깨끗하게 청소하겠습니다.(깨끗하다：きれいだ、청소하다：掃除する)

練習3 韓国語に直してみましょう。((1)(2)は「-(으)ㄹ게요、(3)(4)は-겠습니다」を使って)

(1) 改札口でお待ちします。(改札口：개찰구、待つ：기다리다)

(2) この本を読みます。(本：책、読む：읽다)

(3) 間違いを直します。(間違い：잘못、直す：고치다)

(4) 明日、ご連絡します。(明日：내일：、連絡する：연락하다)

暮らしの韓国語単語 24〈家電製品〉

電話	携帯電話	冷蔵庫	洗濯機	テレビ	ラジオ	エアコン
전화	휴대폰	냉장고	세탁기	텔레비전	라디오	에어컨

ハ ラ ボ ジ　チン ジ　トゥ セ ヨ
할아버지, 진지 드세요!

おじいさん、ご飯召し上がってください！

(特殊な尊敬語)[尊敬動詞]

基本例文

TRACK 47

❶ A:할아버지 , 진지 드세요 !
おじいさん、ご飯召し上がってください。

B:오냐 , 알았다 !
うん、わかった！

❷ A:보통 몇 시에 주무세요 ?
普段、何時にお休みになりますか。

B:열 두 시에 자요 .
12時に寝ます。

❸ A:선생님 댁에 계세요 ?
先生、お宅にいらっしゃいますか。

B:지금 안 계세요 .
今、いらっしゃいません＝いません。

❹ A:내일 시간 있으세요 ?
明日、時間おありですか。

B:네 , 시간 괜찮아요 .
はい、時間大丈夫です。

語句

❶ □할아버지：おじいさん□진지：ご飯*밥の敬語□드세요！：召し上がってください*드시다の해요体の丁寧な命令形□오냐：うん□알았다：わかった（よ） ❷ □보통［普通］：普段□몇 시［－時］：何時□주무세요？：お休みになりますか*주무시다の해요体の疑問形 ❸ □선생님［先生－］：先生*님（様）は尊敬の接尾語□댁［宅］：お宅*他人の家の尊敬語□계세요？：いらっしゃいますか*계시다の해요体の疑問形□안 계세요：いらっしゃいません ❹ □시간［時間］□있으세요？：おありですか □괜찮아요：大丈夫です*괜찮다の해요体の平叙形

文法ポイント

特殊な尊敬語［尊敬動詞］

日本語にも「(言う→) おっしゃる」「(寝る→) お休みになる」のような元の動詞とは違う形の尊敬語がありますが、韓国語にも一部の動詞に特殊な尊敬語があります。

먹다(モクタ) → 드시다(トゥシダ) / 잡수시다(チャプスシダ) → 드세요(トゥセヨ) / 잡수세요(チャプスセヨ)
食べる　召し上がる　召し上がります・召し上がってください

자다(チャダ) → 주무시다(チュムシダ) → 주무세요(チュムセヨ)
寝る　お休みになる　お休みになっています・お休みになってください

また、「いる」の意味の「있다(イッタ)」は「계시다(ケシダ)(いらっしゃる)」という尊敬語、「ある」の意味の「있다(イッタ)」は「있으시다(イッスシダ)(おありだ)」という尊敬表現を使います。

있다(イッタ) → 계시다(ケシダ) → 계세요(ケセヨ)
いる　いらっしゃる　いらっしゃいます

있다(イッタ) → 있으시다(イッスシダ) → 있으세요(イッスセヨ)
ある　おありだ　おありです

基本例文の発音　［　］の中は発音通りのハングル表記

❶ □할아버지(ハラボジ) ［하라버지］ □진지(チンジ)□드세요(トゥセヨ)□오냐(オニャ)□알았다(アラッタ) ［아랃따］
❷ □보통(ポトン)□몇(ミョッ) 시에(シエ) ［면씨에］ □주무세요(チュムセヨ)?□열(ヨル) 두(トゥ) 시에(シエ) ［열뚜시에］ □자요(チャヨ)
❸ □선생님(ソンセンニム)□댁에(テゲ) ［대게］ □계세요(ケセヨ)? ［게세요］ □지금(チグム)□안(アン) 계세요(ゲセヨ) ❹ □내일(ネイル)
□시간(シガン)□있으세요(イッスセヨ)? ［이쓰세요］ □괜찮아요(クェンチャナヨ) ［괜차나요］

トレーニング

よく韓国の食堂で「맛있게 드세요」と言われますが、「おいしく召し上がってください」という意味だったね！

基本形		尊敬動詞	尊敬表現〈해요体〉
먹다（食べる）		잡수시다（召し上がる）	잡수세요（召し上がります）
		드시다（召し上がる）	드세요（召し上がります）
마시다（飲む）		드시다（召し上がる）	드세요（召し上がります）
자다（寝る）		주무시다（お休みになる）	주무세요（お休みになります）
말하다（言う）		말씀하시다（おっしゃる）	말씀하세요（おっしゃいます）
있다	（いる）	계시다（いらっしゃる）	계세요（いらっしゃいます）
	（ある）	있으시다（おありだ）	있으세요（おありです）
없다	（いない）	안 계시다（いらっしゃらない）	안 계세요（いらっしゃいません）
	（ない）	없으시다（おありでない）	없으세요（ございません）

練習 1 次の表現を例のように直してみましょう。

例 어디에 있다（どこにいる）＋？	어디에 계세요？（どこにいらっしゃいますか）
일찍 자다（早く寝る）	
술을 마시다（お酒を飲む）＋？	
늘 말하다（いつも言う）	
부모님이 있다（両親がいる）	
지갑이 없다（財布がない）＋？	

練習 2 日本語に直してみましょう。

(1) 술은 잘 드세요?(술:お酒、잘:よく、드시다:召し上がる)

---

(2) 보통 몇 시에 주무세요?(보통:普段、몇 시:何時、주무시다:お休みになる)

---

(3) 선생님께서 말씀하셨어요.(-께서:~が＊「が」の尊敬表現。「(人)におかれて」という意味)、말씀하시다:おっしゃる)

---

(4) 부모님은 서울에 계세요?(부모님:ご両親、계시다:いらっしゃる)

練習 3 韓国語に直してみましょう。(「-(으)세요)」を使って)

(1) 何時にお休みになりますか。(何時:몇 시、お休みになる:주무시다)

---

(2) 朝は何を召し上がりますか。(朝:아침、召し上がる:드시다)

---

(3) 辞書はおありですか。(辞書:사전、おありだ:있으시다)

---

(4) 先生はどこにいらっしゃいますか。(いらっしゃる:계시다)

暮らしの韓国語単語 25〈尊敬名詞〉

お食事	お宅	お歳	お名前	お言葉	お誕生日	お父様	お母様
진지 (チンジ)	댁 (テク)	연세 (ヨンセ)	성함 (ソンハム)	말씀 (マルッスム)	생신 (センシン)	아버님 (アボニム)	어머님 (オモニム)

＊「집-댁(宅)」、「나이-연세(年歳)」、「이름-성함(姓銜)」などのように一般名詞は固有語、尊敬名詞は漢字語の場合が多いです。ただし、「誕生日」は「생일(生日)-생신(生辰)」といずれも漢字語です。

26

チャムカンマン　キ　ダ　リョ　ジュ　セ　ヨ
잠깐만 기다려 주세요.

しばらくお待ちください。

((1)～(し)てください)[依頼]、(2)～(し)てみてください)[提案・誘いかけ]

基本例文

TRACK 48

❶ A:이제 들어가도 돼요?
もう、入ってもいいですか。

B:잠깐만 기다려 주세요.
しばらくお待ちください。

❷ A:창문을 좀 닫아 주세요.
ちょっと窓を閉めてください。

B:바깥 공기가 좀 차죠?
外の空気がちょっと冷たいでしょう?

❸ A:사진 좀 찍어 주실래요?
ちょっと写真、撮ってくださいませんか。

B:네, 이 나무 앞에 앉아 보세요.
はい、この木の前に座ってみてください。

❹ A:이 옷을 입어 보세요.
この服を着てみてください。

B:크기도 디자인도 다 좋아요.
大きさもデザインも全部いいです。

語句

❶ □이제：もう□들어가도：入っても（←入って行っても）□돼요?：(なりますか→) いいですか□잠깐만：ちょっと、しばらく□기다려 주세요：お待ちください　❷ □창문［窓門］：窓□좀：ちょっと□닫아 주세요：閉めてください□바깥：外□공기［空気］□차죠?：冷たいでしょう　❸ □사진［写真］□찍어：撮って□주실래요?：くださいませんか□나무：木□앞：前□앉다：座る□보세요：みてください　❹ □입다：着る□크기：大きさ、サイズ□디자인：デザイン

(1)動詞の語幹+아 / 어 주세요：～（し）てください［依頼］

(2)動詞の語幹+아 / 어 보세요：～（し）てみてください［提案・誘いかけ］

(1) 動詞の語幹に「-아/어 주세요」をつけると、「～(し)てください」という意味になります。陽母音語幹には「-아 주세요」、陰母音語幹には「-어 주세요」をつけます。

また、「주세요」は「이 옷 주세요！(この服、ください！)」という形で、買い物のときなどに使います。

닫다 →	**닫**아 주세요	**열다** →	**열**어 주세요
閉める	閉めてください	開ける	開けてください

(2) また、動詞の語幹に「-아/어 보세요」をつけると、「～(し)てみてください」という意味になります。

닫다 →	**닫**아 보세요	**열다** →	**열**어 보세요
閉める	閉めてみてください	開ける	開けてみてください

基本例文の発音　［　］の中は発音通りのハングル表記

❶ □이제□들어가도 ［드러가도］ □돼요?□잠 깐 만□기다려 주세요 ❷ □창문을 ［창무늘］ □좀□닫아 주세요 ［다다주세요］ □바깥 ［바깐］ □공기가□차죠? ［차조］ ❸ □사진□찍어 ［찌거］ □주실래요?□나무□앞에 ［아페］ □앉아 보세요 ［안자보세요］ ❹ □입어 보세요 ［이버 보세요］ □크기도□디자인도□좋아요 ［조아요］

トレーニング

「기다려 주세요」は「待ってください」、「기다려 보세요」は「待ってみてください」だね！

～（し）てください	語幹＋아/어 주세요
창문을 열다（窓を開ける）	창문을 열어 주세요（窓を開けてください）
주소를 가르치다（住所を教える）	주소를 가르쳐 주세요（住所を教えてください）
연락하다（連絡する）	연락해 주세요（連絡してください）
～（し）てみてください	**語幹＋아/어 보세요**
잠시 기다리다（ちょっと待つ）	잠시 기다려 보세요（ちょっと待ってみてください）
그 문제를 풀다（その問題を解く）	그 문제를 풀어 보세요（その問題を解いてみてください）
이 옷을 입다（この服を着る）	이 옷을 입어 보세요（この服を着てみてください）

練習 1 次の表現を例のように直してみましょう。

例 문을 닫다（扉を閉める）	문을 닫아 주세요（扉を閉めてください）
저기로 가다（あそこへ行く）	
구두를 닦다（靴を磨く）	
문법을 가르치다（文法を教える）	
例 한번 만나다（一度、会う）	**한번 만나 보세요（一度、会ってみてください）**
빵을 만들다（パンを作る）	
피아노를 치다（ピアノを弾く）	
빨리 연락하다（早く連絡する）	

練習 2 日本語に直してみましょう。

(1) 책을 찾아 주세요.(찾다：探す)

(2) 이 서류를 봐 주세요.(서류：書類、보다：見る)

(3) 문제를 잘 풀어 보세요.(문제：問題、풀다：解く)

(4) 부모님과 여행을 가 보세요.(부모님：ご両親、여행：旅行、가다：行く)

練習 3 韓国語に直してみましょう。(「-아/어 주세요」「-아/어 보세요」を使って)

(1) ここで待ってください。(ここで：여기서、待つ：기다리다)

(2) 窓を拭いてください。(窓：창문、拭く：닦다)

(3) 釜山にも一度来てみてください。(釜山：부산、一度：한번、来る：오다)

(4) テンプルステイもしてみてください。(テンプルステイ：템플스테이)

暮らしの韓国語単語 26〈位置〉

上	下	前	後ろ	横	左	右	中、内	外
ウィ	アレ	アプ	トゥィ	ヨプ	ウェンチョク	オルンチョク	アン	パク
위	아래	앞	뒤	옆	왼쪽	오른쪽	안	밖

＊「上下」は「위아래」、「前後」は「앞뒤」と言いますが、「内外」は「안밖」ではなく、「안팎」と言います。

눈이 펑펑 오면 좋겠어요.

ヌ　ニ　ポンポン　オミョン　チョケッソヨ

雪がこんこん降ればいいでしょう。

(〜(す)れば・〜(する)と・〜(し)たら)[仮定・条件]

基本例文

TRACK 49

❶ A:크리스마스에 눈이 내리면 좋겠죠!?
クリスマスに雪が降ればいいでしょう!?

B:눈이 펑펑 오면 좋겠어요.
雪がこんこん降ればいいでしょう。

❷ A:그냥 먹으면 좀 싱거워요.
そのまま食べればちょっと味が薄いです。

B:간장에 찍어서 드세요.
醤油につけて召し上がってください。

❸ A:만두가 다 식어 버렸네요.
ギョウザがすっかり冷めてしまいましたね。

B:따끈할 때 먹었으면 좋았을 텐데요.
熱々のとき、食べたらよかったでしょうね。

❹ A:내일은 뭘 하세요?
明日は何をしますか。

B:집에서 쉬었으면 해요.
家で休めたらと思います。

語句

❶ □크리스마스：クリスマス□눈：雪□내리면：降れば□좋겠죠!?：いいでしょうね!?□펑펑：こんこん□오면：(来れば→) 降れば□좋겠어요：いいでしょう　❷ □그냥：そのまま□먹으면：食べれば□싱거워요：味が薄いです*싱겁다の해요体の平叙形。싱겁다はㅂ変則□간장［-醤］：醤油□찍어서：つけて*찍다の連用形□드세요：召し上がってください　❸ □만두［饅頭］：ギョウザ□다：全部、すっかり□식어：冷めて*식다の連用形□버렸네요：しまいましたね□따끈하다：熱々だ□먹었으면：食べたならば□좋았을 텐데요：よかったはずですが　❹ □하세요?：されますか、なさいますか□쉬었으면：休んだら□해요：〜と思います

動詞・形容詞の語幹＋（<ruby>으<rt>ウ</rt></ruby>）<ruby>면<rt>ミョン</rt></ruby>

～（す）れば・～（する）と・～（し）たら［仮定・条件］

「<ruby>보면<rt>ポミョン</rt></ruby>（見れば）」「<ruby>좋으면<rt>チョウミョン</rt></ruby>（よければ）」のように、動詞や形容詞などの語幹に「-(<ruby>으<rt>ウ</rt></ruby>)<ruby>면<rt>ミョン</rt></ruby>」をつけると、「～れば」「～と」「～たら」という意味になります。語幹末にパッチムがない場合や語幹末が<ruby>ㄹ<rt>リウル</rt></ruby>パッチムの<ruby>ㄹ<rt>ソウル</rt></ruby>語幹には「-<ruby>면<rt>ミョン</rt></ruby>」を、パッチムがある場合は「-<ruby>으면<rt>ウミョン</rt></ruby>」をつけます。

<ruby>보다<rt>ポ ダ</rt></ruby> → <ruby>보면<rt>ポ ミョン</rt></ruby>	<ruby>만들다<rt>マンドゥル ダ</rt></ruby> → <ruby>만들면<rt>マンドゥルミョン</rt></ruby>	<ruby>좋다<rt>チョ タ</rt></ruby> → <ruby>좋으면<rt>チョ ウ ミョン</rt></ruby>
見る　　見れば	作る　　作れば	よい　　よければ

また、「陽母音語幹＋<ruby>았으면<rt>アッ スミョン</rt></ruby>／陰母音語幹＋<ruby>었으면<rt>オッ スミョン</rt></ruby>」の形で、過去の出来事や現在の事実と相反する内容を述べるときにも使います。

<ruby>보다<rt>ポ ダ</rt></ruby> → <ruby>보았으면<rt>ポ アッ スミョン</rt></ruby>	<ruby>만들다<rt>マンドゥル ダ</rt></ruby> → <ruby>만들었으면<rt>マンドゥ ロッスミョン</rt></ruby>	<ruby>좋다<rt>チョ タ</rt></ruby> → <ruby>좋았으면<rt>チョアッス ミョン</rt></ruby>
見る　　見ていたら	作る　　作っていたら	よい　　よかったら

基本例文の発音 ［　］の中は発音通りのハングル表記

❶ □<ruby>크리스마스에<rt>クリ スマ ス エ</rt></ruby>□<ruby>눈이<rt>ヌ ニ</rt></ruby> ［누니］ □<ruby>내리면<rt>ネリミョン</rt></ruby>□<ruby>좋겠죠<rt>チョケッチョ</rt></ruby>!? ［조켇쪼］ □<ruby>펑펑<rt>ポンポン</rt></ruby> <ruby>오면<rt>オ ミョン</rt></ruby> □<ruby>좋겠어요<rt>チョケッソヨ</rt></ruby> ［조케써요］ ❷ <ruby>그냥<rt>クニャン</rt></ruby> □<ruby>먹으면<rt>モグミョン</rt></ruby> ［머그면］ □<ruby>싱거워요<rt>シンゴウォヨ</rt></ruby> □<ruby>간장에<rt>カンジャンエ</rt></ruby> □<ruby>찍어서 드세요<rt>ッチゴソ ドゥセヨ</rt></ruby> ［찌거서 드세요］ ❸ □<ruby>만두가<rt>マンドゥガ</rt></ruby>□<ruby>다<rt>タ</rt></ruby>□<ruby>식어 버렸네요<rt>シ ゴ ボリョンネヨ</rt></ruby> ［시거 버련네요］ □<ruby>따끈할 때<rt>ッタックナル ッテ</rt></ruby> ［따끄날 때］ □<ruby>먹었으면<rt>モゴッスミョン</rt></ruby> ［머거쓰면］ □<ruby>좋았을 텐데요<rt>チョ アッスル テンデ ヨ</rt></ruby> ［조아쓸텐데요］ ❹ □<ruby>내일은<rt>ネイルン</rt></ruby> ［내이른］ □<ruby>하세요?<rt>ハセヨ</rt></ruby>□<ruby>쉬었으면<rt>シュイオッスミョン</rt></ruby> ［쉬어쓰면］ □<ruby>해요<rt>ヘヨ</rt></ruby>

トレーニング

仮定形「すれば」、「したら」、「すると」は、全部「하 면」か!

時制	「-(으)면/-았으 면 /었으면」(~れば/~ていたら)
現在	語幹＋(으)면
학교에 가다 (学校に行く)	학교에 가면 (学校に行けば)
문법을 알다 (文法がわかる)	문법을 알면 (文法がわかれば)
즐겁게 웃다 (楽しく笑う)	즐겁게 웃으면 (楽しく笑えば)
過去	語幹＋았으 면 /었으 면
집에 오다 (家に帰る)	집에 왔으면 (家に帰っていたら)
바람이 불다 (風が吹く)	바람이 불었으면 (風が吹いていたら)
열심히 일하다 (一所懸命働く)	열심히 일했으면 (一所懸命働いていたら)

練習 1 次の表現を例のように直してみましょう。

例 학교에 가다(学校に行く)	학교에 가면/갔으면(学校に行けば/行っていたら)
술이 싫다 (酒が嫌いだ)	
안 경 을 벗다 (眼鏡を外す)	
방이 조용하다 (部屋が静かだ)	
생각이 바 뀌 다(考えが変わる)	
키가 작 다 (背が低い)	

練習 2 日本語に直してみましょう。

(1) 편의점에 가면 살 수 있어요.（편의점：コンビニ、사다：買う）

(2) 선물을 받으면 기분이 좋아요.（선물：プレゼント、받다：もらう）

(3) 모르는 게 있으면 질문하세요.（모르다：わからない、게：～のが）

(4) 어제 바빴으면 못 만났을 거예요.（어제：昨日、바쁘다：忙しい）

練習 3 韓国語に直してみましょう。（(1)(2) は「-(으)면、(3)(4) は -았으면 / 었으면)」を使って）

(1) 時間がなければ行けません。（못 가다：行けない）

(2) おいしかったら食べたいです。（おいしい：맛있다、食べたい：먹고 싶다）

(3) 考えが変わっていたら教えてください。（教える：가르치다）

(4) 昨日、行ったなら買うことができませんでした。（買う：사다）

暮らしの韓国語単語 27〈天候〉

雨	雪	雲	晴れ	曇り	にわか雨	虹
ビ	ヌン	クルム	マルグム	フリム	ソナギ	ムジゲ
비	눈	구름	맑음	흐림	소나기	무지개

＊「雨が降る」「雪が降る」は「비가 내리다」「눈이 내리다」の他に「비가 오다」「눈이 오다」という表現が広く使われます。

トゥラ マルル ポミョンソ カンアジハゴ ノラヨ
드라마를 보면서 강아지하고 놀아요.

ドラマを見ながら子犬と遊んでいます。

(〜(し)ながら・〜なのに)[(1)同時進行・(2)逆接]

基本例文

TRACK 50

❶ A:지금 뭐 해요?
今、何していますか。

B:드라마를 보면서 강아지하고 놀아요.
ドラマを見ながら子犬と遊んでいます。

❷ A:어떤 음악을 들으면서 공부해요?
どんな音楽を聞きながら勉強しますか。

B:클래식을 들으면서 공부해요.
クラシックを聞きながら勉強します。

❸ A:오늘 날씨는 어때요?
今日の天気はいかがですか。

B:날씨가 좋으면서 시원해요.
いい天気で、涼しいです。

❹ A:그 집은 잘해요?
あのお店はおいしいですか。

B:맛도 없으면서 비싸요.
まずいうえに、高いです。

語句

❶ □지금:今□뭐:何□해요?:しますか*하다の해요体の疑問形□드라마:ドラマ□보면서:見ながら□강아지:子犬□놀아요:遊びます*놀다の해요体の平叙形　❷ □어떤:どんな□음악［音楽］□들으면서:聞きながら*듣다（聞く）はㄷ変則□공부해요?:勉強しますか*공부하다の해요体の疑問形□클래식:クラシック□공부해요:勉強します*공부하다の해요体の平叙形　❸ □어때요?:いかがですか□좋으면서:よくて□시원해요:涼しいです*시원하다の해요体の平叙形　❹ □집:家、お店 □잘해요?:（よくやりますか→）おいしいですか*잘하다の해요体の平叙形□맛:味□없으면서:ないのに

動詞・形容詞の語幹＋(으)면서

～(し)ながら、～なのに［(1)同時進行・(2)逆接］

(1)「보면서(見ながら)」「좋으면서(よくて)」のように動詞や形容詞などの語幹に、パッチムがない場合やㄹ語幹の場合は「-면서」を、パッチムがある場合は「-으면서」をつければ、「～ながら」「～であり」「～なのに」「～うえに」という意味になります。

보다 → 보면서　見る　見ながら

달다 → 달면서　甘い　甘くて

좋다 → 좋으면서　よい　よいうえに

(2) また、「음식도 맛없으면서 서비스도 안 좋아요(料理もまずいのに、サービスもよくありません)」「놀면서 성적은 좋아요(遊んでいながら成績はいいです)」のように、2つ以上の行為や状態が、互いに相反する関係にあることを表すときにも使います。

맛없다 → 맛없으면서　まずい　まずいのに

놀다 → 놀면서　遊ぶ　遊びながら

基本例文の発音　［　］の中は発音通りのハングル表記

❶ □지금□뭐 해요?□드라마를□보면서□강아지하고□놀아요［노라요］
❷ □어떤□음악을［으마글］□들으면서［드르면서］□공부해요?□클래식을［클래시글］
❸ □오늘□날씨는□어때요?□날씨가□좋으면서［조으면서］□시원해요［시워내요］
❹ □집은［지븐］□잘해요?［자래요］□맛도［맏또］□없으면서［업쓰면서］□비싸요

「보 면 서」は「見ながら」、「먹으 면 서」は「食べながら」だね！

トレーニング

語幹末	「-(으)면서」(～ながら)
母音語幹	語幹＋면서
영화를 보다 (映画を見る)	영화를 보면서 (映画を見ながら)
일을 하다 (仕事をする)	일을 하면서 (仕事をしながら)
얼굴이 예쁘다 (顔がきれいだ)	얼굴이 예쁘면서 (顔がきれいでありながら)
子音語幹	語幹＋으면서
밥을 먹다 (ご飯を食べる)	밥을 먹으면서 (ご飯を食べながら)
책을 읽다 (本を読む)	책을 읽으면서 (本を読みながら)
공부가 싫다 (勉強が嫌いだ)	공부가 싫으면서 (勉強が嫌いでありながら)

練習 1 次の表現を例のように直してみましょう。

例 영화를 보다 (映画を見る)	영화를 보면서 (映画を見ながら)
날씨가 시원하다 (天気が涼しい)	
침대에서 자다 (ベッドで寝る)	
집이 넓다 (家が広い)	
소파에 앉다 (ソファに座る)	
사진을 찍다 (写真を撮る)	

練習2 　日本語に直してみましょう。

（1）집에서 쉬면서 드라마를 봐요.（쉬다[シュィダ]：休む）

（2）손을 흔들면서 헤어졌어요.（손[ソン]：手、흔들다[フンドゥルダ]：振る、헤어지다[ヘオジダ]：別れる）

（3）하늘이 맑으면서 바람도 상쾌했어요.（하늘[ハヌル]：空、맑다[マクタ]：晴れる、바람[パラム]：風、상쾌하다[サンクェハダ]：爽やかだ）

（4）요즘은 놀면서 공부는 별로 안 해요.（요즘[ヨジュム]：最近、놀다[ノルダ]：遊ぶ、별로[ビョルロ]：あまり）

練習3 　韓国語に直してみましょう。（「-（으）면서」を使って）

（1）朝ご飯を食べながらテレビを見ます。（朝ご飯：아침[アチム]、テレビ：텔레비전[テルレビジョン]）

（2）このリンゴは大きいうえにおいしいです。（リンゴ：사과[サグァ]、大きい：크다[クダ]、おいしい：맛있다[マシッタ]）

（3）映画を見ながらポップコーンを食べました。（映画：영화[ヨンフヮ]、ポップコーン：팝콘[パプコン]）

（4）本を読みながら勉強しました。（本：책[チェク]、読む：읽다[イクタ]、勉強する：공부하다[コンブハダ]）

暮らしの韓国語単語 **28**〈動物①〉

子犬	犬	猫	牛	馬	豚	鶏	ウサギ
강아지[カンアジ]	개[ケ]	고양이[コヤンイ]	소[ソ]	말[マル]	돼지[トゥェジ]	닭[タク]	토끼[トッキ]

サ ジャヌン チョム ム ソプ チ マ ン モ シッ ソ ヨ

사자는 좀 무섭지만 멋있어요.

ライオンはちょっと怖いけどかっこいいです。

(～が・～けど)[逆接・前提]

基本例文

TRACK 51

❶ A:사자는 무섭지 않아요?
ライオンは怖くありませんか。

B:사자는 좀 무섭지만 멋있어요.
ライオンはちょっと怖いけど、かっこいいです。

❷ A:아침은 안 드세요?
朝ご飯は召し上がりませんか。

B:아침은 안 먹지만 괜찮아요.
朝ご飯は食べませんが、大丈夫です。

❸ A:이 휴대폰은 좀 비싸죠?
この携帯電話はちょっと高いでしょう?

B:좀 비싸지만 사고 싶어요.
ちょっと高いですが、買いたいです。

❹ A:어제 춥지 않았어요?
昨日、寒くありませんでしたか。

B:그렇게 춥지 않았지만 눈이 많이 왔어요.
そんなに寒くありませんでしたが、雪がたくさん降りました。

語句

❶ □사자［獅子］：ライオン□무섭다：怖い□멋있다：かっこいい　❷ □안 드세요：召し上がりませんか□안 먹지만：食べませんが□괜찮아요：大丈夫です＊괜찮다の해요体の平叙形　❸ □휴대폰［携帯 -］：携帯電話□비싸죠？：高いでしょう□비싸지만：高いですが□사고 싶어요：買いたいです　❹ □그렇게：そんなに□춥다：寒い□많이：たくさん□오다：(来る→)降る

動詞・形容詞の語幹 + 지만（チマン）

～が・～けど［逆接・前提］

「먹지만（食べるが）」「좋지만（よいが）」のように、動詞や形容詞の語幹に「-지만」をつけると、「～が」「～けど」の意味になります。語幹末のパッチムの有無にかかわらず、語幹に「-지만」をつけます。

먹다（モクタ） → **먹지만**（モクチマン）
食べる　食べるけど

좋다（チョタ） → **좋지만**（チョチマン）
よい　よいけど

また、過去形は陽母音には「-았지만」、陰母音には「-었지만」をつけます。

먹다（モクタ） → **먹었지만**（モゴッチマン）
食べる　食べたけど

좋다（チョタ） → **좋았지만**（チョアッチマン）
よい　よかったけど

基本例文の発音　［　］の中は発音通りのハングル表記

❶ □사자는（サジャヌン）□무섭지 않아요?（ムソプチ アナヨ）［무섭찌아나요］□무섭지만（ムソプチマン）［무섭찌만］□멋있어요（モシッソヨ）［머시써요］ ❷ □아침은（アチムン）［아치믄］□안 드세요（アン ドゥセヨ）□안 먹지만（アン モクチマン）［안먹찌만］□괜찮아요（クェンチャナヨ）［괜차나요］ ❸ □휴대폰은（ヒュデポヌン）［휴대포는］□비싸죠（ピッサジョ）［비싸조］□비싸지만（ピッサジマン）□사고 싶어요（サゴ シポヨ）［사고시퍼요］ ❹ □어제（オジェ）□춥지 않았어요?（チュプチ アナッソヨ）［춥찌아나써요］□그렇게（クロケ）［그러케］□춥 지（チュプチ）［춥찌］□않았지만（アナッチマン）［아낟찌만］□눈이（ヌニ）［누니］□많이（マニ）［마니］□왔어요（ワッソヨ）［와써요］

トレーニング

「보지만」は「見るけど」
「먹지만」は「食べるけど」
だね！

時制	「-지만」(〜が、〜けど)
現在	語幹＋지만　〜が、〜けど
드라마를 보다 (ドラマを見る)	드라마를 보지만 (ドラマを見るが)
버스를 타다 (バスに乗る)	버스를 타지만 (バスに乗るが)
이야기를 듣다 (話を聞く)	이야기를 듣지만 (話を聞くけど)
過去	語幹＋았지만/었지만　〜(し)たけど
옷이 비싸다 (服が高い)	옷이 비쌌지만 (服が高かったけど)
사촌을 만나다 (いとこに会う)	사촌을 만났지만 (いとこに会ったけど)
친구와 놀다 (友だちと遊ぶ)	친구와 놀았지만 (友だちと遊んだが)

練習1　次の表現を例のように直してみましょう。

例　드라마를 보다 (ドラマを見る)	드라마를 보지만/봤지만 (ドラマを見るけど／見たけど)
값이 싸다 (値段が安い)	
떡볶이를 만들다 (トッポキを作る)	
사촌을 만나다 (いとこに会う)	
날씨가 좋다 (天気がよい)	
아침을 먹다 (朝ご飯を食べる)	
호텔을 예약하다 (ホテルを予約する)	

練習 2 日本語に直してみましょう。

(1) 눈이 오지만 안 추워요.(눈(ヌン):雪、오다(オダ):降る、춥다(チュプタ):寒い)

(2) 냉장고가 크지 않지만 괜찮아요.(냉장고(ネンジャンゴ):冷蔵庫、크다(クダ):大きい)

(3) 공원에 갔지만 친구를 못 만났어요.(공원(コンウォン):公園、만나다(マンナダ):会う)

(4) 숙제를 했지만 잘 모르겠어요.(숙제(スクチェ):宿題、모르다(モルダ):わからない)

練習 3 韓国語に直してみましょう。(「-지만」を使って)

(1) 部屋が広くありませんが、大丈夫です。(部屋:방(パン)、広い:넓다(ノルタ))

(2) 冬ですが、あまり寒くありません。(冬:겨울(キョウル)、あまり:별로(ピョルロ)、寒い:춥다(チュプタ))

(3) 愛しましたが、別れました。(愛する:사랑하다(サランハダ)、別れる:헤어지다(ヘオジダ))

(4) 本を読みましたが、面白くなかったです。(読む:읽다(イクタ)、面白くない:재미없다(チェミオプタ))

暮らしの韓国語単語 29〈動物②〉

ライオン	象	キリン	熊	カバ	サイ	シマウマ	ワニ
사자(サジャ)	코끼리(コッキリ)	기린(キリン)	곰(コム)	하마(ハマ)	코뿔소(コップルソ)	얼룩말(オルルンマル)	악어(アゴ)

ソジュド　マシゴ　マッコルリド　マショヨ

소주도 마시고 막걸리도 마셔요 !

焼酎も飲んでマッコリも飲みましょう！

(～(し)て・～で・～(し)てから)[(1) 並列・(2) 動作の先行]

基本例文

TRACK 52

❶ A:무슨 술을 마실까요 ?
どんなお酒を飲みましょうか。

B:소주도 마시고 막걸리도 마셔요 !
焼酎も飲んで、マッコリも飲みましょう。

❷ A:어제 친구하고 만났어요 ?
昨日、友だちと会いましたか。

B:같이 점심도 먹고 영화도 봤어요 .
いっしょに昼ご飯も食べて、映画も見ました。

❸ A:그 식당은 어때요 ?
あの食堂はいかがですか。

B:값도 싸고 맛도 좋아요 .
値段も安くて、味もいいです。

❹ A:그 뮤지컬은 재미있었어요 ?
あのミュージカルは面白かったですか。

B:내용도 재미있었고 감동적이었어요 .
内容も面白くて、感動的でした。

語句

❶ □무슨：どんな□술：お酒□마실까요？：飲みましょうか□소주［焼酎］□마시고：飲んで＊마시다の「～て」形□막걸리：マッコリ□마셔요：飲みましょう ❷ □친구하고：友だちと□먹고：食べて＊먹다の「～て」形 ❸ □값：値段、価格□싸고：安くて＊싸다の「～て」形□맛：味 ❹ □뮤지컬：ミュージカル□재미있었어요？：面白かったですか＊재미있다の해요体の過去疑問形□내용［内容］□재미있었고：面白くて＊재미있다の過去形재미있었다の「～て」形□감동적이었어요：感動的でした＊감동적이다の해요体の過去平叙形

動詞・形容詞の語幹＋고(コ)

～（し）て・～で・～（し）てから［（1）並列・（2）動作の先行］

(1)「보고(ポゴ)（見て）」「먹고(モッコ)（食べて）」「크고(クゴ)（大きくて）」「좋고(チョコ)（よくて）」のように、動詞や形容詞の語幹に「-고(コ)」をつけると、「～（し）て」「～く（て）」「～で」という意味になります。この表現は2つ以上の行動や状態などを並列するときに使います。

보다(ポダ) → 보고(ポゴ)
見る　見て

좋다(チョタ) → 좋고(チョコ)
よい　よくて

(2) また、「보고(ポゴ)（見てから）」「먹고(モッコ)（食べてから）」のように、動詞の語幹に「-고(コ)」がついて、「～（し）てから」という意味を表す場合もあります。

보다(ポダ) → 보고(ポゴ)
見る　見てから

먹다(モクタ) → 먹고(モッコ)
食べる　食べてから

基本例文の発音　［　］の中は発音通りのハングル表記

❶ □무슨(ムスン)□술을(スルル) [수름] □마실까요(マシルッカヨ)?□소주도(ソジュド)□마시고(マシゴ)□막걸리도(マッコルリド) [막껄리도] □마셔요(マショヨ) ❷ □어제(オジェ)□친구하고(チングハゴ)□만났어요(マンナッソヨ)? [만나써요] □같이(カチ) [가치] □점심도(チョムシムド)□먹고(モッコ) [먹꼬] □영화(ヨンフヮ)□봤어요(ポワッソヨ) [봐써요] ❸ □식당은(シクタンウン) [식땅은] □값도(カプト) [갑또] □싸고(ッサゴ)□맛도(マット) [맏또] □좋아요(チョアヨ) [조아요] ❹ □뮤지컬은(ミュジコルン) [뮤지커른] □재미있었어요(チェミイッソッソヨ)? [재미이써써요] 내용도(ネヨンド)□재미있었고(チェミイッソッコ) [재미이써꼬] □감동적이었어요(カムドンジョギオッソヨ) [감동저기어써요]

> 「보고」には、並列の「見て」という意味と、動作の先行を表す「見てから」という意味があるね！

トレーニング

意味	「-고（コ）」(〜て、〜で)
①並列	動詞・形容詞の語幹＋고
パブル モクタ 밥을 먹다（ご飯を食べる）	밥을 먹고（ご飯を食べて）
クリムル クリダ 그림을 그리다（絵を描く）	그림을 그리고（絵を描いて）
ッタルギガ タルダ 딸기가 달다（イチゴが甘い）	딸기가 달고（イチゴが甘くて）
コンウォニ チョヨンハダ 공원이 조용하다（公園が静かだ）	공원이 조용하고（公園が静かで）
②動作の先行	動詞の語幹＋고
チングルル マンナダ 친구를 만나다（友だちに会う）	친구를 만나고（友だちに会ってから）
テクッシルル タダ 택시를 타다（タクシーに乗る）	택시를 타고（タクシーに乗ってから）

練習 1 次の表現を例のように直してみましょう。

例 パブル モクタ 밥을 먹다（ご飯を食べる）	パブル モッコ 밥을 먹고（ご飯を食べて）
チュムル チュダ 춤을 추다（踊りを踊る）	
キムチガ メプタ 김치가 맵다（キムチが辛い）	
ヒョンハンテ ヨルラカダ 형한테 연락하다（兄に連絡する）	
例 チングルル マンナダ 친구를 만나다（友だちに会う）	チングルル マンナゴ 친구를 만나고（友だちに会ってから）
スクチェルル マチダ 숙제를 마치다（宿題を終える）	
イヤギルル トゥッタ 이야기를 듣다（話を聞く）	

練習 2 日本語に直してみましょう。

(1) 청소도 하고 빨래도 했어요.（청소(チョンソ)：掃除、빨래(ッパルレ)：洗濯）

(2) 김치가 짜고 달았어요?（짜다(ッチャダ)：しょっぱい、달다(タルダ)：甘い）

(3) 점심을 먹고 낮잠을 잤어요.（낮잠(ナッチャム)：昼寝、자다(チャダ)：寝る）

(4) 이야기를 듣고 울었어요.（이야기(イヤギ)：話、듣다(トゥッタ)：聞く、울다(ウルダ)：泣く）

練習 3 韓国語に直してみましょう。（「-고(コ)」を使って）

(1) 歌を歌って踊りを踊りました。（歌う：부르다(プルダ)、踊り：춤(チュム)、踊る：추다(チュダ)）

(2) ここの焼き肉は安くておいしいです。（焼き肉：불고기(プルゴギ)、安い：싸다(ッサダ)、おいしい：맛있다(マシッタ)）

(3) 朝ご飯を食べて会社に行きました。（朝ご飯：아침(アチム)、会社：회사(フェサ)、行く：가다(カダ)）

(4) テレビを見て寝ました。（テレビ：텔레비전(テルレビジョン)、見る：보다(ポダ)、寝る：자다(チャダ)）

暮らしの韓国語単語 30〈お酒〉

お酒	ビール	焼酎	マッコリ	ウイスキー	日本酒	おつまみ
술(スル)	맥주(メクチュ)	소주(ソジュ)	막걸리(マッコルリ)	양주(ヤンジュ)	청주(チョンジュ)	안주(アンジュ)

＊「맥주（麦酒）」は「ビール」の明治時代の訳語で、今は日本ではあまり使われていませんが、韓国ではもっぱら使われています。なお、日本酒は「청주（清酒）」の他に「정종(チョンジョン)（正宗）」という表現も広く使われています。

31

ムジゲ　サジヌル　ッチゴソ　ボネ　ジュセヨ

무지개 사진을 찍어서 보내 주세요.

虹の写真を撮って送ってください。

(〜(し)て・〜(し)てから)[前後関係]

基本例文

TRACK 53

❶ A:친구는 어디서 만나요?
友だちはどこで会いますか。

B:카페에 가서 만나요.
カフェに行って会います。

❷ A:여기서 기다리면 돼요?
ここで待てばいいですか。

B:네, 여기에 앉아서 기다리세요.
はい、ここに座ってお待ちください。

❸ A:어제는 뭘 했어요?
昨日は何をしましたか。

B:오빠를 만나서 영화를 봤어요.
兄に会って映画を見ました。

❹ A:무지개 사진을 찍어서 보내 주세요.
虹の写真を撮って送ってください。

B:네, 몇 장 찍어 보내 드릴게요.
はい、何枚か撮ってお送りします。

語句

❶ □어디서：どこで　□가서：行って　❷ □기다리면：待てば□돼요？：(なりますか→) いいですか□앉아서：座って□기다리세요：お待ちください　❸ □뭘(←무엇을)：何を□만나서：会って（から）　❹ □무지개：虹□사진［写真］□찍어서：撮って（から）□보내 주세요：送ってください□몇 장［-張］：何枚（か）□보내 드릴게요：(送ってさしあげます→) お送りします

動詞の語幹＋아서(アソ) / 어서(オソ)

～（し）て・～（し）てから［前後関係］

「받아서(パダソ)（もらってから）」「찍어서(ッチゴソ)（撮ってから）」のように、動詞の語幹に「-아서(アソ)/어서(オソ)」をつけると「～（し）て」「～（し）てから」という意味になります。陽母音語幹には「-아서(アソ)」、陰母音語幹には「-어서(オソ)」をつけます。

받다(パッタ) → 받아서(パダソ)
もらう　もらって（から）

찍다(ッチクタ) → 찍어서(ッチゴソ)
撮る　撮って（から）

また、-아서(アソ)/어서(オソ)の서(ソ)を省略して使う場合もありますが、両者間には大きな意味の違いはありません。

받다(パッタ) → 받아(パダ)
もらう　もらって（から）

찍다(ッチクタ) → 찍어(ッチゴ)
撮る　撮って（から）

基本例文の発音　［　］の中は発音通りのハングル表記

❶ □친구는(チングヌン)□어디서(オディソ)□만나요(マンナヨ)?□카페에(カペエ) 가서(カソ)　❷ □여기서(ヨギソ)□기다리면(キダリミョン)□돼요(トゥェヨ)?
□여기에(ヨギエ)□앉아서(アンジャソ)［안자서］　□기다리세요(キダリセヨ)　❸ □어제(オジェ)□ 뭘(ムォル) □했어요(ヘッソヨ)［해써요］
□오빠를(オッパルル)□만나서(マンナソ)□영화를(ヨンフヮルル)□봤어요(ポヮッソヨ)　［봐써요］　❹ □무지개(ムジゲ)□사진을(サジヌル)［사지늘］
□찍어서(ッチゴソ)［찌거서］　□보내 주세요(ポネ ジュセヨ)□ 몇 장(ミョッ チャン)［면짱］　□보내 드릴게요(ポネ ドゥリルッケヨ)［보내 드릴께요］

トレーニング

「먹고」も「먹어서」も同じ「食べて」だけど、「먹어서」は前後の関連が深いんだね！

語幹末	「-아서/어서（〜て、〜くて、〜で）
陽母音	語幹＋아서
친구를 만나다（友だちに会う）	친구를 만나서（友だちに会って）
얼음이 녹다（氷が溶ける）	얼음이 녹아서（氷が溶けて）
陰母音	語幹＋어서
영어를 배우다（英語を習う）	영어를 배워서（英語を習って）
빵 을 만들다（パンを作る）	빵을 만들어서（パンを作って）
하다用言	-해서
공부를 하다（勉強をする）	공부를 해서（勉強をして）

練習 1 次の表現を例のように直してみましょう。

例 친구를 만나다（友だちに会う）	친구를 만나서（友だちに会って）
학교에 가다（学校に行く）	
고기를 잡다（魚を釣る）	
카페에서 기다리다（カフェで待つ）	
계란을 삶다（卵をゆでる）	
집에 전화하다（家に電話する）	
친구한테 연락하다（友だちに連絡する）	

練習2 日本語に直してみましょう。

(1) 잡채를 만들어 다 같이 먹었어요. (잡채:チャプチェ、다:皆で)

（잡채：チャプチェ　다：タ）

(2) 영어를 배워서 미국에 유학 갔어요. (미국:アメリカ、유학:留学)

（미국：ミグク　유학：ユハク）

(3) 벤치에 앉아서 기다렸어요. (벤치:ベンチ、앉다:座る、기다리다:待つ)

（벤치：ベンチ　앉다：アンタ　기다리다：キダリダ）

(4) 친구한테 전화해서 만났어요. (전화하다:電話する、만나다:会う)

（전화하다：チョヌヮハダ　만나다：マンナダ）

練習3 韓国語に直してみましょう。(「-아서/어서」を使って)

(1) 友だちに会って映画を見ました。(映画:영화、見る:보다)

（영화：ヨンフヮ　보다：ボダ）

(2) 家を買って引っ越しました。(家:집、買う:사다、引っ越す:이사하다)

（집：チプ　사다：サダ　이사하다：イサハダ）

(3) キムチを作って送りました。(作る:만들다、送る:보내다)

（만들다：マンドゥルダ　보내다：ボネダ）

(4) 図書館に行って会いました。(図書館:도서관、行く:가다、会う:만나다)

（도서관：トソグヮン　가다：カダ　만나다：マンナダ）

暮らしの韓国語単語 31 〈虹の色〉

赤	橙色	黄色	緑	青	藍色	紫
빨강	주황	노랑	초록	파랑	남색	보라
ッパルガン	チュフヮン	ノラン	チョロク	パラン	ナムセク	ボラ

＊韓国人は무지개 (虹) の色を頭文字を取って「빨주노초파남보」と覚えます。7つの
色は固有語と漢字語が交互に使われており、「주황 (朱黄)」「초록 (草緑)」「남색 (藍
色)」の3つは漢字語です。

32

ヒョンウル　マンナロ　ソウレ　ガヨ
형을 만나러 서울에 가요.

兄に会いにソウルに行きます。

(～(し)に)[移動の目的]

基本例文

TRACK 54

❶ A:내일 한국에 가요 ?
明日、韓国に行きますか。

B:네 , 형을 만나러 서울에 가요 .
はい、兄に会いにソウルに行きます。

❷ A:어제 어디에 갔어요 ?
昨日、どこに行きましたか。

B:은행에 돈을 찾으러 갔어요 .
銀行にお金を下ろしに行きました。

❸ A:내일은 쇼핑하러 가요 ?
明日は買い物に行くんですか。

B:인삼을 사러 가요 .
朝鮮ニンジンを買いに行きます。

❹ A:왜 일본에 유학 왔어요 ?
どうして、日本に留学に来ましたか。

B:일본어를 배우러 왔어요 .
日本語を習いに来ました。

語句

❶ □내일[来日]:明日□한국[韓国]□가요 ?:行きますか*가다の해요体の疑問形　□형[兄]□만나러：会いに□서울：ソウル□가요：行きます*가다の해요体の平叙形　❷ □어제：昨日□갔어요 ?：行きましたか*가다の해요体の過去疑問形□은행［銀行］□돈：お金□찾으러：(探しに→) 下ろしに、引き出しに□갔어요：行きました*가다の해요体の過去平叙形　❸ □쇼핑하러:買い物に□인삼［人参］:朝鮮人参□사러:買いに　❹ □왜:どうして□일본［日本］□유학［留学］□일본어［日本語］□배우러：習いに□왔어요：来ました*오다の해요体の過去平叙形

動詞の語幹＋(으)러

～(し)に[移動の目的]

「보러(見に)」「먹으러(食べに)」のように、動詞の語幹に「-(으)러」をつけると「～(し)に」という意味になります。動詞の語幹末にパッチムがないときや「ㄹ語幹」のときは「-러」を、パッチムがあるときは「-으러」をつけます。この表現は何かをするために場所を移動することを表します。

後続節には「가다(行く)」「오다(来る)」「나가다(出ていく)」「나오다(出てくる)」「다니다(通う)」などの移動動詞が続きます。

보다 → 보러
見る　見に

팔다 → 팔러
売る　売りに

먹다 → 먹으러
食べる　食べに

읽다 → 읽으러
読む　読みに

基本例文の発音　[　]の中は発音通りのハングル表記

❶ □내일□한국에 [한구게] □가요?□형을□만나러□서울에 [서우레] □가요 ❷ □어제□어디에□갔어요? [가써요] □은행에 [으냉에] □돈을 [도늘] □찾으러 [차즈러] ❸ □내일은 [내이른] □쇼핑하러□가요?□인삼을 [인사믈] □사러 ❹ □왜□일본에 [일보네] □유학□왔어요? [와써요] □일본어를 [일보너를] □배우러

トレーニング

「보러」は「見に」、「먹으러」は「食べに」だね！

語幹末	ウ ロ 「-(으)러」(～(し)に)
母音語幹＆ㄹ語幹	ロ 動詞の語幹＋러
ヨンファルル ポダ 영화를 보다 (映画を見る)	영화를 보러 (映画を見に)
チングルル マンナダ 친구를 만나다 (友だちに会う)	친구를 만나러 (友だちに会いに)
ッパンウル マンドゥルダ 빵을 만들다 (パンを作る)	빵을 만들러 (パンを作りに)
子音語幹	ウ ロ 動詞の語幹＋으러
パブル モクタ 밥을 먹다 (ご飯を食べる)	밥을 먹으러 (ご飯を食べに)
ホテレ ムクタ 호텔에 묵다 (ホテルに泊まる)	호텔에 묵으러 (ホテルに泊まりに)
ピョルル パッタ 표를 받다 (チケットをもらう)	표를 받으러 (チケットをもらいに)

練習 1 次の表現を例のように直してみましょう。

例 ヨンファルル ポダ 영화를 보다 (映画を見る)	ヨンファルル ポロ 영화를 보러 (映画を見に)
カバンウル サダ 가방을 사다 (かばんを買う)	
ッコチュル パルダ 꽃을 팔다 (花を売る) ＊팔다はㄹ語幹	
チングハンテ ヨルラカダ 친구한테 연락하다 (友だちに連絡する)	
コギルル チャブタ 고기를 잡다 (魚を釣る)	
チャンムヌル タクタ 창문을 닦다 (窓を拭く)	
モリルル カムタ 머리를 감다 (髪を洗う)	

練習 2 日本語に直してみましょう。

(1) 좀 쉬러 카페에 갔어요.（쉬다：休む、카페：カフェ）

(2) 잡지를 보러 도서관에 갔어요.（잡지：雑誌、도서관：図書館）

(3) 서울을 구경하러 왔어요.（서울：ソウル、구경하다：見物する）

(4) 친구한테 연락하러 왔어요.（연락하다：連絡する）

練習 3 韓国語に直してみましょう。（「-(으)러」を使って）

(1) いっしょに食事しに行きましょう。（いっしょに：같이、食事する：식사하다）

(2) 昼ご飯を食べに食堂に行きますか。（昼ご飯：점심、食堂：식당）

(3) 映画を見に行きたいです。（映画：영화、見る：보다）

(4) 歌を歌いにカラオケに行きました。（歌う：부르다、カラオケ：노래방）

暮らしの韓国語単語 32〈家族名称〉

お父さん	お母さん	兄		姉		弟	妹
아버지	어머니	형 [兄]	오빠	누나	언니	동생 [同生]	

＊韓国語には「パパ」と「ママ」に当たる「**아빠**」「**엄마**」という言葉もあります。また、兄と姉は、弟からは「**형、누나**」、妹からは「**오빠、언니**」と呼ばれます。なお、弟と妹をあえて区別するときは「**남동생**（男同生）」「**여동생**（女同生）」と言います。

アチメ モンヌン サグヮヌン モメ ジョアヨ
아침에 먹는 사과는 몸에 좋아요.

朝、食べるリンゴは体にいいです。

(～する…・～している…)[現在連体形]

基本例文

TRACK 55

❶ A:사과를 자주 드세요 ?

リンゴをよく召し上がりますか。

B:아침에 먹는 사과는 몸에 좋아요 .

朝、食べるリンゴは体にいいです。

❷ A:지금 보는 드라마는 뭐예요 ?

今、見ているドラマは何ですか。

B:스포츠 드라마예요 . 재미있어요 .

スポーツドラマです。面白いです。

❸ A:그분을 아세요 ?

あの方をご存じですか。

B:네 , 잘 아는 사람이에요 .

はい、よく知っている人です。

❹ A:약속이 있는 것 같아요 ?

約束があるようですか。

B:오늘은 약속이 없는 것 같아요 .

今日は約束がないようです。

語句

❶ □사과:リンゴ□자주:よく□드세요 ?:召し上がりますか□아침:朝□먹는:食べる… □몸:体 ❷ □지금:今□보는:見る…□드라마:ドラマ□스포츠:スポーツ ❸ □그분:あの方□아세요 ?:ご存じですか□아는:知(ってい)る…□사람:人 ❹ □약속[約束]□있는 것 같아요 ?:あるようですか□없는 것 같아요:ないようです

動詞の語幹＋는(ヌン)

～する…・～している…［現在連体形］

「보는(ポヌン)（見る…、見ている…）」「먹는(モンヌン)（食べる…、食べている…）」のように、動詞の語幹末のパッチムの有無に関係なく「-는(ヌン)」をつけると、「～する…、～している…」という意味になります。この表現は(1)ある出来事が現在行われていることや(2)一般的な出来事を表します。

보다(ポダ) → 보는(ポヌン)　　**먹다(モクタ) → 먹는(モンヌン)**

見る　見（てい）る…　　食べる　食べ（てい）る…

また、動詞だけでなく、存在詞（있다(イッタ)、없다(オプッタ)など）の語幹に「-는(ヌン)」をつけると「ある…/いる…」「ない…/いない…」という意味になります。

있다(イッタ) → 있는(インヌン)　　**없다(オプタ) → 없는(オムヌン)**

ある/いる　ある…/いる…　　ない/いない　ない…/いない…

基本例文の発音　［　］の中は発音通りのハングル表記

❶ □사과를(サグヮルル)□자주(チャジュ)□드세요(トゥセヨ)?□아침에(アチメ)［아치메］□먹는(モンヌン)［멍는］□사과는(サグヮヌン)□몸에(モメ)［모메］□좋아요(チョアヨ)［조아요］ ❷ □지금(チグム)□보는(ポヌン)□드라마는(トゥラマヌン)□뭐예요(ムォエヨ)?［뭐에요］□스포츠(スポチュ)□재미있어요(チェミイッソヨ)［재미이써요］ ❸ □그분을(クブヌル)［그부늘］□아세요(アセヨ)□잘 아는(チャラヌン)［자라는］□사람이에요(サラミエヨ)［사라미에요］ ❹ □약속이(ヤクソギ)［약쏘기］□있는 것(インヌン ゴッ)［인는걷］□같아요(カタヨ)［가타요］□오늘은(オヌルン)［오느른］□없는 것(オムヌン ゴッ)［엄는걷］

トレーニング

「보는」は「見る○○」、「見ている○○」という意味だね。

品詞	「-는」(〜する…)
動詞	語幹＋는
보다（見る）＋영화（映画）	보는 영화（見る映画）
먹다（食べる）＋밥（ご飯）	먹는 밥（食べるご飯）
듣다（聞く）＋노래（歌）	듣는 노래（聞く歌）
存在詞	語幹＋는
맛있다（おいしい）＋과자（菓子）	맛있는 과자（おいしい菓子）
재미있다（面白い）＋친구（友だち）	재미있는 친구（面白い友だち）
없다（ない）＋시간（時間）	없는 시간（ない時間）

練習 1 次の表現を例のように直してみましょう。

例 보다（見る）＋영화（映画）	보는 영화（見る映画）
읽다（読む）＋책（本）	
만나다（会う）＋친구（友だち）	
산책하다（散歩する）＋공원（公園）	
멋없다（つまらない）＋사람（人）	
재미없다（面白くない）＋잡지（雑誌）	
있다（ある）＋돈（お金）	

練習 2 日本語に直してみましょう。

(1) 저기 오는 사람이 친구예요.（오다(オダ)：来る、사람(サラム)：人）

---

(2) 이건 매일 먹는 빵이에요.（매일(メイル)：毎日、먹다(モクタ)：食べる）

---

(3) 재미있는 영화가 많아요？（재미있다(チェミイッタ)：面白い）

---

(4) 요즘 보는 드라마는 별로 재미없어요.（보다(ポダ)：見る、별로(ピョルロ)：あまり）

練習 3 韓国語に直してみましょう。（「-는(ヌン)」を使って）

(1) 本を読んでいる人は誰ですか。（読む：읽다(イクタ)、誰：누구(ヌグ)）

---

(2) おいしくないお菓子を食べました。（おいしくない：맛없다(マドプタ)、お菓子：과자(クヮジャ)）

---

(3) 昼ご飯を食べる時間です。（昼ご飯：점심(チョムシム)）

---

(4) 私が通う学校です。（私が：내가(ネガ)、通う：다니다(タニダ)）

暮らしの韓国語単語 33〈果物〉

スイカ	マクワウリ	リンゴ	梨	柿	イチゴ	ミカン	ブドウ
수박(スバク)	참외(チャムェ)	사과(サグヮ)	배(ペ)	감(カム)	딸기(ッタルギ)	귤(キュル)	포도(ポド)

ハングク　カ　ス　コンソトゥルル　ポ　ロ　カッソヨ

한국 가수 콘서트를 보러 갔어요.

韓国歌手のコンサートを見に行きました。

(〜ました・〜でした)[過去形〈해요体⑦〉]

基本例文

TRACK 56

❶ A:어제는 뭘 했어요 ?
昨日は何をしましたか。

B:한국 가수 콘서트를 보러 갔어요 .
韓国歌手のコンサートを見に行きました。

❷ A:밥을 먹을 때는 뭘로 먹었어요 ?
ご飯を食べるときは何で食べましたか。

B:숟가락으로 먹었어요 .
スプーンで食べました。

❸ A:서울의 날씨는 괜찮았어요 ?
ソウルの天気はよかったですか。

B:네 , 서울의 날씨는 좋았어요 .
はい、ソウルの天気はよかったです。

❹ A:어제는 어디에 갔습니까 ?
昨日はどこに行きましたか。

B:친구하고 명동에서 놀았습니다 .
友だちと明洞で遊びました。

語句

❶ □어제:昨日□뭘:何を□했어요 ?:しましたか□가수［歌手］□콘서트:コンサート□보러:見に□갔어요:行きました　❷ □밥:ご飯□먹을 때:食べるとき□뭘로:何で□먹었어요 ?:食べましたか□숟가락으로:スプーンで　❸ □괜찮았어요 ?:(大丈夫でしたか→) よかったですか□좋았어요:よかったです　❹ □갔습니까 ?:行きましたか□놀았습니다:遊びました

動詞・形容詞の語幹＋<ruby>았<rt>アッソ</rt></ruby><ruby>어요<rt>ヨ</rt></ruby> / <ruby>었<rt>オッソ</rt></ruby><ruby>어요<rt>ヨ</rt></ruby>
〜ました・〜でした［過去形〈<ruby>해<rt>ヘ</rt></ruby><ruby>요<rt>ヨ</rt></ruby>体⑦〉］

　動詞や形容詞の語幹に「-<ruby>았어요<rt>アッソヨ</rt></ruby>/<ruby>었어요<rt>オッソヨ</rt></ruby>」をつけると「〜ました」「〜かったです」「〜でした」という意味になります。陽母音語幹には「-<ruby>았<rt>アッ</rt></ruby><ruby>어요<rt>ソヨ</rt></ruby>」、陰母音語幹には「-<ruby>었<rt>オッ</rt></ruby><ruby>어요<rt>ソヨ</rt></ruby>」をつけます。

<ruby>먹다<rt>モクタ</rt></ruby> → <ruby>먹<rt>モ</rt></ruby><ruby>었어요<rt>ゴッソヨ</rt></ruby> (?)
食べる　　食べました（か）

<ruby>좋다<rt>チョタ</rt></ruby> → <ruby>좋<rt>チョ</rt></ruby><ruby>았어요<rt>アッソヨ</rt></ruby> (?)
よい　　　よかったです（か）

　また、<ruby>합니다<rt>ハムニダ</rt></ruby>体の過去表現は陽母音語幹には「-<ruby>았습니다<rt>アッスムニダ</rt></ruby>/-<ruby>았습니<rt>アッスムニ</rt></ruby><ruby>까?<rt>ッカ</rt></ruby>」、陰母音語幹には「-<ruby>었습니다<rt>オッスムニダ</rt></ruby>/<ruby>었습니까?<rt>オッスムニッカ</rt></ruby>」をつけます。

<ruby>먹다<rt>モクタ</rt></ruby>→ <ruby>먹었습니다<rt>モゴッスムニダ</rt></ruby> / <ruby>먹었습니까?<rt>モゴッスムニッカ</rt></ruby>
食べる　　食べました　　食べましたか

<ruby>좋다<rt>チョタ</rt></ruby>→<ruby>좋았습니다<rt>チョアッスムニダ</rt></ruby> / <ruby>좋았습니까?<rt>チョアッスムニッカ</rt></ruby>
よい　　　よかったです　　よかったですか

基本例文の発音　［　］の中は発音通りのハングル表記

❶ □<ruby>어제는<rt>オジェヌン</rt></ruby>□<ruby>뭘<rt>ムォル</rt></ruby>□<ruby>했어요?<rt>ヘッソヨ</rt></ruby> ［해써요］ □<ruby>한국<rt>ハングク</rt></ruby>□<ruby>가수<rt>カス</rt></ruby>□<ruby>콘서트를<rt>コンソトゥルル</rt></ruby>□<ruby>보러<rt>ポロ</rt></ruby>□<ruby>갔어요<rt>カッソヨ</rt></ruby> ［가써요］ ❷ □<ruby>밥을<rt>パブル</rt></ruby> ［바블］ □<ruby>먹을 때는<rt>モグル ッテヌン</rt></ruby> ［머글때는］ □<ruby>뭘로<rt>ムォルロ</rt></ruby>□<ruby>먹었어요?<rt>モゴッソヨ</rt></ruby> ［머거써요］ □<ruby>숟가락으로<rt>スッカラグロ</rt></ruby> ［숟까라그로］ ❸ □<ruby>서울의<rt>ソウレ</rt></ruby> ［서우레］ □<ruby>날씨는<rt>ナルッシヌン</rt></ruby> □<ruby>괜찮았어요?<rt>クェンチャナッソヨ</rt></ruby> ［괜차나써요］ ❹ □<ruby>어제는<rt>オジェヌン</rt></ruby>□<ruby>어디에<rt>オディエ</rt></ruby>□<ruby>갔습니까?<rt>カッスムニッカ</rt></ruby> ［갇씀니까］ □<ruby>친구하고<rt>チングハゴ</rt></ruby>□<ruby>명동에서<rt>ミョンドンエソ</rt></ruby>□<ruby>놀았습니다<rt>ノラッスムニダ</rt></ruby> ［노랃씀니다］

トレーニング

過去形は「갔어요」「먹었어요」か！あ！過去形は「ㅆ」をつけるんだね。「過去のある人人」と覚えよう！

해요体、합니다体	「-았/었어요 ,-았/었습니다」(～ました、～でした)
해요体	語幹＋았어요/었어요
비가 오다 (雨が降る)	비가 왔어요 (雨が降りました)
잠을 자다 (寝る) ＋？	잠을 잤어요？(寝ましたか)
책을 읽다 (本を読む) ＋？	책을 읽었어요？(本を読みましたか)
합니다体	語幹＋았습니다/었습니다
학교에 가다 (学校に行く)	학교에 갔습니다 (学校に行きました)
시합에 이기다 (試合に勝つ)	시합에 이겼습니다 (試合に勝ちました)
양말을 신다 (靴下を履く) ＋？	양말을 신었습니까？(靴下を履きましたか)

練習 1 次の表現を例のように直してみましょう。

例 비가 오다 (雨が降る)	비가 왔어요/왔습니다 (雨が降りました)
선물을 받다 (プレゼントをもらう)	
값이 비싸다 (値段が高い) ＋？	
하늘이 높다 (空が高い) ＋？	
시합에 지다 (試合に負ける) ＋？	
방이 따뜻하다 (部屋が暖かい) ＋？	
빵 을 만들 다 (パンを作る) ＋？	

練習 2 日本語に直してみましょう。

(1) 친구한테 선물을 받았어요. (-한테(ハンテ):〜に)

(2) 방이 시원했어요?

(3) 작년에 대학교를 졸업했습니까?

(4) 올해 봄에 결혼했습니다.

練習 3 韓国語に直してみましょう。((1)(2)は「-았/었어요(?)」、(3)(4)は「-았/었습니다」を使って)

(1) 昨日、学校に行きましたか。

(2) 昨年、アメリカに留学に行きました。

(3) さっき、昼ご飯を食べました。

(4) ソウルの天気は涼しかったですか。(涼しい:시원하다(シウォナダ))

暮らしの韓国語単語 34 〈職業〉

医師	歌手	俳優	警察官	軍人	公務員	会社員	主婦
의사(ウイサ)	가수(カス)	배우(ペウ)	경찰관(キョンチャルグヮン)	군인(クニン)	공무원(コンムウォン)	회사원(フェサウォン)	주부(チュブ)

アッカ モグン カレヌン マシッソッソヨ

아까 먹은 카레는 맛있었어요.

さっき、食べたカレーはおいしかったです。

(〜した…)[過去連体形]

基本例文

TRACK 57

❶ A:아까 먹은 카레는 맛있었어요.
さっき、食べたカレーはおいしかったです。

B:이 디저트도 드셔 보세요.
このデザートも召し上がってみてください。

❷ A:그 가수를 만난 적이 있어요?
あの歌手に会ったことがありますか。

B:아직 만난 적이 없어요.
まだ、会ったことがありません。

❸ A:어제 본 영화는 재미있었어요?
昨日見た映画は面白かったですか。

B:생각한 것보다 재미있었어요.
考えたよりも面白かったです。

❹ A:선생님은 어디에 계세요?
先生はどこにいらっしゃいますか。

B:청바지를 입은 분이 우리 선생님이에요.
ジーンズを着ている方がうちの先生です。

語句

❶ □아까:さっき□먹은:食べた…□카레(라이스):カレー(ライス)□맛있었어요:おいしかったです*맛있다の해요体の過去平叙形□디저트:デザート□드셔 보세요:召し上がってみてください。 ❷ □가수[歌手]□만난:会った…□적이:ことが□있어요?:ありますか□아직:まだ□없어요:ありません ❸ □본:見た…□재미있었어요?:面白かったですか□생각한:考えた…□것:こと、もの□-보다:〜より ❹ □청바지:ジーンズ□입은:着た…、着ている…□분:方□우리:うちの

動詞の語幹＋(으(ウ))ㄴ(ン)

～した…［過去連体形］

「본(ポン)(見た…)」「먹은(モグン)(食べた…)」のように、動詞の語幹末にパッチムがないときは「-ㄴ(ン)」を、あるときは「-은(ウン)」をつけると「～(し)た…」「～していた…」という意味になります。

보다(ポダ) → 본(ポン)
見る　　見た…、見ていた…

먹다(モクタ) → 먹은(モグン)
食べる　　食べた…、食べていた…

また、「着る」「脱ぐ」などの着脱動詞の場合は、事柄や行為が完了し、その状態がまだ維持されていることを表します。

입다(イプタ) → 입은(イブン)
着る　　着た…、着ている…

벗다(ポッタ) → 벗은(ポスン)
脱ぐ　　脱いだ…、脱いでいる…

基本例文の発音　［　］の中は発音通りのハングル表記

❶ □아까(アッカ)□먹은(モグン) ［머근］ □카레는(カレヌン)□맛있었어요(マシッソッソヨ) ［마시써써요］ □디저트도(ディジョトド)□드셔보세요(トショボセヨ) ❷ □가수(カス)□만난(マンナン) 적이(ジョギ) ［만난저기］ □있어요?(イッソヨ) ［이써요］ □아직(アジク)□없어요(オプソヨ) ［업써요］ ❸ □어제(オジェ) 본(ポン)□영화는(ヨンファヌン)□재미있었어요?(チェミイッソッソヨ) ［재미이써써요］ □생각한(センガカン) 것보다(ゴッポダ) ［생가칸걷뽀다］ □재미있었어요(チェミイッソッソヨ) ［재미이써써요］ ❹ □선생님은(ソンセンニムン) ［선생니믄］ □어디에(オディエ)□계세요(ケセヨ) ［게세요］ □청바지를(チョンバジルル)□입은(イブン) 분이(ブニ) ［이븐부니］ □우리(ウリ)□선생님이에요(ソンセンニミエヨ) ［선생니미에요］

トレーニング

「본」は「見た○○」、「見ていた○○」という意味だね。

語幹末	「-(으) ㄴ」(〜した…、〜していた…)
母音語幹	語幹＋ㄴ
보다（見る）＋영화（映画）	본 영화（見た映画）
만나다（会う）＋친구（友だち）	만난 친구（会った友だち）
공부하다（勉強する）＋학생（学生）	공부한 학생（勉強した学生）
子音語幹	語幹＋은
읽다（読む）＋책（本）	읽은 책（読んだ本）
받다（もらう）＋선물（プレゼント）	받은 선물（もらったプレゼント）
신다（履く）＋구두（靴）	신은 구두（履いた靴、履いている靴）

練習 1 次の表現を例のように直してみましょう。

例 보다（見る）＋영화（映画）	본 영화（見た映画）
쓰다（書く）＋편지（手紙）	
주다（くれる）＋책（本）	
전화하다（電話する）＋친구（友だち）	
입다（着る）＋옷（服）	
감다（閉じる）＋눈（目）	
묵다（泊まる）＋호텔（ホテル）	

練習 2 日本語に直してみましょう。

(1) 이분이 미국에서 온 마이클 씨예요.(분(プン)：方(かた)、마이클(マイクル)：マイケル)

(2) 어제 읽은 소설은 재미있었어요.(어제(オジェ)：昨日、소설(ソソル)：小説、)

(3) 봄에 심은 나무가 잘 자랐어요.(봄(ポム)：春、심다(シムタ)：植える、자라다(チャラダ)：育つ)

(4) 전화로 연락한 적이 없어요.(-로(ロ)：～で、-적(チョク)：こと)

練習 3 韓国語に直してみましょう。(「-(으)ㄴ」を使って)

(1) 昨日、会った人は誰ですか。(昨日：어제(オジェ)、会う：만나다(マンナダ)、誰：누구(ヌグ))

(2) さっき、食べた焼き肉はちょっと甘かったです。(さっき：아까(アッカ)、食べる：먹다(モクタ)、焼き肉：불고기(プルゴギ)、甘い：달다(タルダ))

(3) 朝、食べたパンはおいしかったです。

(4) スーツを着た人は兄です。(スーツ：양복(ヤンボク)/정장(チョンジャン)、着る：입다(イプタ))

暮らしの韓国語単語 35〈西洋料理〉

カレーライス	ハンバーガー	ハンバーグ	スパゲッティ	デザート	サラダ	スープ
카레라이스(カレライス)	햄버거(ヘムボゴ)	햄버그(ヘムボグ)	스파게티(スパゲティ)	디저트(ティジョトゥ)	샐러드(セルロド)	수프(スプ)

ネ イ ラ チ メ モ グル ッパン イ エ ヨ
내일 아침에 먹을 빵이에요.

明日の朝、食べるパンです。

(〜(する)…・〜(な)…)[未来連体形]

基本例文

TRACK 58

❶ A:이 빵은 뭐예요?
このパンは何ですか。

B:내일 아침에 먹을 빵이에요.
明日の朝、食べるパンです。

❷ A:내일 갈 곳은 어디예요?
明日、行くところはどこですか。

B:광장시장에 들를 예정이에요.
クヮンジャン市場に寄る予定です。

❸ A:오후의 날씨는 어떨 것 같아요?
午後の天気はどうなりそうですか。

B:하늘을 보니 날씨가 좋을 것 같아요.
空を見ると、天気がよさそうです。

❹ A:컴퓨터에 대해 잘 알까요?
コンピューターについてよく知っているでしょうか。

B:잘 모를 거예요.
よくわからないと思います。

語句

❶ □먹을:食べる… □빵:パン　❷ □갈:行く…□곳:ところ□광장시장[広蔵市場]:クヮンジャン市場*ソウル市内にあるグルメ市場□들를：寄る…□예정［予定］　❸ □어떨 것 같아요？：どうなりそうですか□하늘：空□보니：見たら□좋을 것 같아요：よさそうです　❹ □컴퓨터：コンピューター、パソコン□대해［対 -］：ついて□알까요？：わかるでしょうか□모를 거예요：わからないと思います

動詞・形容詞の語幹＋（으）ㄹ

～（する）…・～（な）…［未来連体形］

「볼（見る…）」「좋을（よい…）」のように、動詞や形容詞の語幹末にパッチムがないときは「-ㄹ」を、パッチムがあるときは「-을」をつけると「～（する）…」「～（な）…」という意味になります。この表現は名詞の前で、未来のことや推測、予定、意図などを表します。

보다 → 볼	먹다 → 먹을	좋다 → 좋을
見る　見る…	食べる　食べる…	よい　よい…

また、時制とは関係なく、単に名詞を修飾するときや❾の「-(으)ㄹ 수 있어요/없어요（～することができます／できません）」などの表現にも用いられます。

모르다 → 모를	작다 → 작을
わからない　わからない…	小さい　小さい…

基本例文の発音　［　］の中は発音通りのハングル表記

❶ □빵 은□뭐예요? [뭐에요] □내일 아침에 [내이라치메] □먹을 [머글] □빵이에요 ❷ □갈 곳은 [갈꼬슨] □어디예요?□광장 시장 에□ 들 를 □예정이에요 ❸ □오후의 [오후에] □날씨는□어 떨 것 [어떨껃] □ 같아요? [가타요] □하늘을 [하느를] □보니□날씨가□좋을 것 [조을껃] ❹ □컴퓨터에□대해□잘 알까요? [자랄까요] □ 잘 모를 거예요 [잘모를꺼에요]

トレーニング

「볼」は「(これから)見る…」、という意味だね。

語幹末	「-(으) ㄹ」(〜する…)
母音語幹	語幹＋ㄹ
보다(見る)＋영화(映画)	볼 영화(見る映画)
만나다(会う)＋친구(友だち)	만날 친구(会う友だち)
공부하다(勉強する)＋학생(学生)	공부할 학생(勉強する学生)
子音語幹	語幹＋을
먹다(食べる)＋밥(ご飯)	먹을 밥(食べるご飯)
읽다(読む)＋책(本)	읽을 책(読む本)
받다(もらう)＋선물(プレゼント)	받을 선물(もらうプレゼント)

練習 1 次の表現を例のように直してみましょう。

例 보다(見る)＋영화(映画)	볼 영화(見る映画)
쓰다(書く)＋편지(手紙)	
주다(もらう)＋책(本)	
전화하다(電話する)＋친구(友だち)	
입다(着る)＋옷(服)	
씻다(洗う)＋채소(野菜)	
남다(残る)＋사람(人)	

練習 2 日本語に直してみましょう。

(1) 이 영화가 내일 볼 영화예요.(보다(ポダ):見る)

---

(2) 부침개를 만들 때 계란을 넣으세요?(부침개(プチムゲ):チジミ、계란(ケラン):卵、넣다(ノタ):入れる)

---

(3) 밥을 먹을 때는 즐겁게 먹는 것이 좋아요.(밥(パプ):ご飯、먹다(モクタ):食べる、즐겁다(チュルゴプタ):楽しい、-것(コッ):〜(する)の)

---

(4) 기차가 출발할 시간이 됐어요.(기차(キチャ):列車、출발(チュルバル):出発、되다(トゥェダ):なる)

練習 3 韓国語に直してみましょう。(「-(으)ㄹ」を使って)

(1) 明日、ソウルに行く予定です。(行く:가다(カダ)、予定:예정(イェジョン))

---

(2) この人が今日、会う後輩です。(会う:만나다(マンナダ)、後輩:후배(フベ))

---

(3) 友だちとビビンバを作る約束をしました。(作る:만들다(マンドゥルダ)、約束:약속(ヤクソク))

---

(4) 薬を飲む時間になりました。(薬:약(ヤク)、飲む:먹다(モクタ))

暮らしの韓国語単語 36〈お菓子など〉

パン	ケーキ	クッキー	チョコレート	ビスケット	ガム	飴
빵 (ッパン)	케이크 (ケイク)	쿠키 (クキ)	초콜릿 (チョコルリッ)	비스킷 (ビスキッ)	껌 (ッコム)	사탕 (サタン)

＊「사탕」は漢字では「砂糖」と書きますが、「飴」のことです。

イェッ プ　ノ スル　サ ッ ソ ヨ

예쁜 옷을 샀어요.

きれいな服を買いました。

(～(い)…・～(な)…)[形容詞の現在連体形]

基本例文

TRACK 59

❶ A:어제 압구정에서 쇼핑했어요？
昨日、アップクジョンで買い物をしましたか。

B:네, 예쁜 옷을 샀어요.
はい、きれいな服を買いました。

❷ A:오늘 날씨는 참 좋은 것 같아요.
今日の天気はとてもよいようです。

B:정말 날씨가 좋죠！
本当に天気がいいでしょう。

❸ A:좀 더 작은 반지는 없어요？
もう少し小さい指輪はありませんか。

B:물론 있어요. 다른 디자인도 있어요.
もちろんあります。他のデザインもあります。

❹ A:생일은 오늘인 것 같아요？
誕生日は今日のようですか。

B:오늘이 아닌 것 같아요. 어제인 것 같아요.
今日ではないようです。昨日のようです。

語句

❶ □압구정［狎鴎亭］：アプックジョン＊江南にある繁華街□쇼핑하다：買い物する□예쁜：きれいな…　❷ □좋은 것 같아요：いいようです□좋죠？：いいでしょう　❸ □작은：小さい…□반지［班指］：指輪□물론［勿論］：もちろん□다른：違う…　❹ □생일［生日］：誕生日□오늘인 것 같아요？:今日のようですか□아닌 것 같아요:違うようです□어제인 것 같아요:昨日のようです

形容詞の語幹＋(으)ㄴ

～(い)…・～(な)… [形容詞の現在連体形]

日本語の形容詞の場合、「服が小さい」「小さい服」のように終止形も連体形も同じ形ですが、韓国語の場合は「옷이 작다(服が小さい)」「작은 옷(小さい服)」のように、終止形と連体形の形が違います。

韓国語の形容詞の現在連体形は語幹末にパッチムがない場合は「-ㄴ」、ある場合は「-은」をつけます。この表現は「～(い)…」「～(な)…」という意味です。

また、指定詞(이다、아니다)も形容詞と同じように活用をします。

크다 → 큰　**작다 → 작은**

大きい　大きい…　小さい　小さい…

- 이다 → - 인　**- 이 / 가 아니다 → - 이 / 가 아닌**

～である　～である…　～でない　～でない…

基本例文の発音　[　] の中は発音通りのハングル表記

❶ □어제□압구정에서 [압꾸정에서] □쇼핑했어요 [쇼핑해써요] □예쁜 옷을 [예쁘노슬] □샀어요 [사써요] ❷ □오늘□날씨는□ 참 □좋은 것 [조은걷] □같아요 [가타요] □ 정 말 □날씨가□좋죠? [조초] ❸ □ 좀 더 □작은 [자근] □반지는□없어요 [업써요] □물론□있어요 [이써요] □다른 □디자인도□ ❹ □생일은 [생이른] □오늘인 것 [오느린걷] □오늘이 [오느리] □아닌 것 [아닌걷] □어제인 것 [어제인걷]

トレーニング

「좋은（よい…）」、「먹은（食べた…）」！同じ「-은」がついても意味が違うんだね！

語幹末	「-(으[ウ]) ㄴ[ン]」(～い…、～な…)
母音語幹	語幹＋ㄴ[ン]
예쁘다[イェップダ]（きれいだ）＋꽃[ッコッ]（花）	예쁜 꽃（きれいな花）
짜 다[ッチャダ]（しょっぱい）＋김치[キムチ]（キムチ）	짠 김치（しょっぱいキムチ）
시원하다[シウォナダ]（涼しい）＋교실[キョシル]（教室）	시원한 교실（涼しい教室）
子音語幹	語幹＋은[ウン]
작 다[チャクタ]（小さい）＋집[チブ]（家）	작은 집（小さい家）
밝다[パクタ]（明るい）＋방[パン]（部屋）	밝은 방（明るい部屋）
좋다[チョタ]（よい）＋옷[オッ]（服）	좋은 옷（よい服）

練習 1 次の表現を例のように直してみましょう。

例 예쁘다[イェップダ]（きれいだ）＋꽃[ッコッ]（花）	예쁜[イェップン] 꽃（きれいな花）
시다[シダ]（酸っぱい）＋김치[キムチ]（キムチ）	
차다[チャダ]（冷たい）＋맥주[メクチュ]（ビール）	
따뜻하다[ッタットゥタダ]（暖かい）＋교실[キョシル]（教室）	
싫다[シルタ]（いやだ）＋일[イル]（仕事）	
검다[コムタ]（黒い）＋옷[オッ]（服）	

練習 2 日本語に直してみましょう。

(1) 밝은 카페가 좋아요 .（밝다（パクタ）: 明るい）

---

(2) 요즘은 따뜻한 날씨가 계속돼요 .（계속되다（ケソクトゥェダ）: 続く）

---

(3) 짧은 머리가 잘 어울려요 .（짧다（ッチャルタ）: 短い、머리（モリ）: 髪、어울리다（オウルリダ）: 似合う）

---

(4) 시인인 우리 선생님은 멋쟁이예요 .（시인（シイン）: 詩人、멋쟁이（モッチェンイ）: おしゃれな人）

練習 3 韓国語に直してみましょう。（「-(으)ㄴ」を使って）

(1) 昨日はよい服を買いました。（服 : 옷（オッ）、買う : 사다（サダ））

---

(2) 最近は忙しい人も多いです。（忙しい : 바쁘다（パップダ）、多い : 많다（マンタ））

---

(3) いちばん面白い映画はどれですか。（いちばん : 가장（カジャン）、どれ : 어느 것（オヌ ゴッ））

---

(4) きれいな花がたくさん咲いています。（きれいだ : 예쁘다（イェップダ）、咲く : 피다（ピダ））

暮らしの韓国語単語 37〈洋服など〉

背広	ジャンパー	スカート	ズボン	下着	パジャマ	制服
양복（ヤンボク）	점퍼（チョンポ）	치마（チマ）	바지（パジ）	속옷（ソゴッ）	잠옷（チャモッ）	교복（キョボク）

＊韓国語の「양복（洋服）」はおもに男性の背広のことです。最近は「슈트（シュトゥ）（スーツ）」という表現も使うようになりました。また、「교복（校服）」は学生服のことです。

タ ルン シャン プ　ッス ジ　マ セ ヨ
다른 샴푸 쓰지 마세요!

他のシャンプー使わないでください！

(～(し)ないでください)[禁止]

基本例文

TRACK 60

❶ A:다른 샴푸 쓰지 마세요!
他のシャンプー使わないでください。

B:정말 이 샴푸 좋네요.
本当にこのシャンプーいいですね。

❷ A:약속을 잊지 마세요.
約束を忘れないでください。

B:물론이죠. 약속 잊지 않을게요.
もちろんです。約束を忘れないようにします。

❸ A:내일은 늦잠을 자지 마세요.
明日は朝寝坊をしないでください。

B:네, 일찍 일어날게요.
はい、早く起きます。

❹ A:이 잔디밭에 들어가면 안 돼요?
この芝生に入ったらいけませんか。

B:네, 잔디밭에 들어가지 마십시오.
はい、芝生に入らないでください。

語句

❶ □다른：他の□샴푸：シャンプー□쓰지 마세요：使わないでください□정말：本当に□좋네요:いいですね　❷ □약속[約束]□잊지 마세요:忘れないでください□물론이죠[勿論ー]:もちろんです□잊지 않을게요：忘れないようにします　❸ □늦잠：朝寝坊□자지 마세요：寝ないでください□일찍：早く□일어날게요：起きます　❹ □잔디밭：芝生□들어가면：入れば、入ったら□안 돼요?：いけませんか□들어가지 마십시오：入らないでください

動詞の語幹＋지 마세요(チ マセヨ)

～（し）ないでください［禁止］

「가지 마세요(カジ マセヨ)（行かないでください）」「먹지 마세요(モクチ マセヨ)（食べないでください）」のように、動詞の語幹に「-지 마세요(チ マセヨ)」をつけると、「～（し）ないでください」という意味になります。

가다(カダ) → **가지 마세요**(カジ マセヨ)
行く　行かないでください

먹다(モクタ) → **먹지 마세요**(モクチ マセヨ)
食べる　食べないでください

また、「가지 마십시오（行かないでください）」「먹지 마십시오（食べないでください）」のように、動詞の語幹に「-지 마십시오(チ マシプシオ)」をつけるとさらに丁寧な합니다(ハムニダ)体の表現になります。

가다(カダ) → **가지 마십시오**(カジ マシプシオ)
行く　行かないでください

먹다(モクタ) → **먹지 마십시오**(モクチ マシプシオ)
食べる　食べないでください

基本例文の発音　［　］の中は発音通りのハングル表記

❶ □다른(タルン)□ 샴 푸(シャンプ)□쓰지 마세요(ッスジ マセヨ)□ 정 말(チョンマル)□ 좋 네요(チョンネヨ) ［존네요］ ❷ □약속을(ヤクソグル) ［약쏘글］ □잊지 마세요(イッチ マセヨ) ［인찌마세요］ □물론이죠(ムルロニジョ) ［물로니조］ □약속(ヤクソク)□잊지 않을게요(イッチ アヌルケヨ) ［인찌아늘께요］ ❸ □내일은(ネイルン) ［내이른］ □늦잠을(ヌッチャムル) ［늗짜믈］ □자지 마세요(チャジ マセヨ) □일 찍(イルッチク)□일어날게요(イロナルケヨ) ［이러날께요］ ❹ □잔디밭에(チャンディバテ) ［잔디바테］ □들어가면(トゥロガミョン) ［드러가면］ □안 돼 요?(アン ドゥェヨ)□들어가지(トゥロガジ) ［드러가지］ □마십시오(マシプシオ) ［마십씨오］

トレーニング

「가지 마세요」は「行かないでください」だね！

해요体、합니다体	「-지 마세요/마십시오」(~しないでください)
해요体	語幹+지 마세요
거기에 가다 (そこに行く)	거기에 가지 마세요 (そこに行かないでください)
많이 먹다 (たくさん食べる)	많이 먹지 마세요 (たくさん食べないでください)
약속을 잊다 (約束を忘れる)	약속을 잊지 마세요 (約束を忘れないでください)
합니다体	語幹+지 마십시오
담배를 피우다 (タバコを吸う)	담배를 피우지 마십시오 (タバコを吸わないでください)
쓰레기를 버리다 (ゴミを捨てる)	쓰레기를 버리지 마십시오 (ゴミを捨てないでください)
남을 욕하다 (人の悪口を言う)	남을 욕하지 마십시오 (人の悪口を言わないでください)

練習 1 次の表現を例のように直してみましょう。

例 거기에 가다 (そこに行く)	거기에 가지 마세요/마십시오 (そこに行かないでください)
늦게 오다 (遅く来る)	
슬리퍼를 신다 (スリッパを履く)	
냉장고에 넣다 (冷蔵庫に入れる)	
밤늦게 전화하다 (夜遅く電話する)	
여기에 앉다 (ここに座る)	

練習 2 日本語に直してみましょう。

(1) 수업에 늦지 마세요.

(2) 돈을 많이 쓰지 마세요.

(3) 너무 걱정하지 마십시오.（너무：あまり）

(4) 멋대로 들어가지 마십시오.（멋대로：勝手に）

練習 3 韓国語に直してみましょう。（「(1)(2) は「-지 마세요」、(3)(4) は「-지 마십시오」) を使って）

(1) 明日、行かないでください。

(2) 出発の時間に遅れないでください。（出発の時間：출발 시간、遅れる：늦다）

(3) 昼ご飯を抜かないでください。（抜く：거르다）

(4) 約束を忘れないでください。

暮らしの韓国語単語 38〈洗面用具〉

タオル	歯ブラシ	歯磨き粉	石鹸	シャンプー	鏡	ひげ剃り
スゴン 수건	チッソル 칫솔	チヤク 치약	ビヌ 비누	シャンプ 샴푸	コウル 거울	ミョンドギ 면도기

＊「歯ブラシ」は「칫솔＝치（歯）＋ㅅ（サイシオッ：「の」の意味）＋솔（ブラシ）」と言います。また、「치약」は「歯薬」という漢字語です。

ッティルル アルミョン チェミ イッソヨ
띠를 알면 재미있어요.

干支(えと)がわかれば面白いです。

〈ㄹ(リウル)語幹〉

基本例文

TRACK 61

❶ A:저는 띠에 대해서 잘 몰라요.
私は干支についてよくわかりません。

B:띠를 알면 재미있어요.
干支がわかれば面白いです。

❷ A:한국의 속담에 대해 잘 아세요?
韓国のことわざについてよくご存じですか。

B:아뇨, 한국 속담은 잘 알지 못해요. 가르쳐 주세요.
いいえ、韓国のことわざはよくわかりません。教えてください。

❸ A:"시작이 반"이라는 속담 알아요?
「始めが半分」ということわざ知っていますか。

B:아, 이건 제가 잘 아는 속담이에요.
あ、これは私がよく知っていることわざです。

❹ A:내일 모임 장소 압니까?
明日の会合の場所知っていますか。

B:네, 알고 있어요.
はい、知っています。

語句

❶ □저는：私は□띠：干支□대해서［対-］：ついて□몰라요：わかりません*모르다の해요体の平叙形*모르다は르変則 □알면：知れば、わかれば*알다（知る、わかる）はㄹ語幹 ❷ □속담［俗談］：ことわざ□아세요?：ご存じですか□알지 못해요：わかりません□가르쳐 주세요：教えてください ❸ □시작이 반이다［始作-半-］：(始めることが半分だ→) 案ずるより産むが易し□알아요? *알다の해요体の疑問形□이건（←이것은）：これは□제가：私が□아는：知る…、知っている… ❹ □모임：集まり、会合□장소［場所］ □압니까?：知っていますか*알다の합니다体の疑問形□알고 있어요：知っています

ㄹ語幹

「살다」「만들다」「달다」などのように語幹がㄹで終わる動詞や形容詞をㄹ語幹と言います。ㄹ語幹の用言は、あとに①s（ㅅ：(으)시 / (으)세요）②p（ㅂ：(스)ㅂ니다)、③o（오)、④r（ㄹ：(으)ㄹ)、⑤n（ㄴ：(으)ㄴ/는/(으)니까）が続くとき、パッチムのㄹがspornと落ちます。

만들다 → 만드세요？　　**만들 → 만든 → 만드는**

作る　作りますか　作る…　作った…　作る…

ただし、-아요/어요や-고、-(으)러、-(으)면などが続くときはパッチムのㄹはそのまま残ります。

ㄹ語幹用言（語幹末がㄹの用言はすべてㄹ語幹用言で、正則はありません）

〈動　詞〉걸다（かける)、날다（飛ぶ)、놀다（遊ぶ)、돌다（回る)、들다（入る、持つ)、만들다（作る)、벌다（稼ぐ)、불다（吹く)、살다（生きる、住む、暮らす)、알다（知る、わかる)、열다（開く)、울다（泣く)、팔다（売る）など

〈形容詞〉가늘다（細い)、길다（長い)、달다（甘い)、멀다（遠い)、힘들다（大変だ）など

基本例文の発音　［　］の中は発音通りのハングル表記

❶ □띠에□대해서□몰라요□ 띠 를 □ 알 면 □재미있어요 ［재미이써요］ ❷ □한국의 ［한구게］ □속담에 ［속따메］ □대해□아세요？□속담은 ［속따믄］ □알지 못해요 ［알지모태요］ □가르쳐 주세요 ❸ □“시작이 반”이라는 ［시자기바니라는］ □알아요？ ［아라요］ □이건□제가□아는□속담이에요 ［속따미에요］
❹ □모임□장소□압니까？ ［암니까］ □알고 있어요 ［알고이써요］

トレーニング

パッチムㄹの次に「s/p/o/r/n」が来るとㄹはsporn（すぽ～ん）と抜けてしまうんだね。

基本形	-아/어요	①-(으)세요	②-(스)ㅂ니다	③-오 ＊1	④-(으)ㄹ	⑤-(으)ㄴ/는/(으)니까/네요
살다（住む）	살아요	사세요	삽니다	사오	살	산/사는/사니까/사네요
만들다（作る）	만들어요	만드세요	만듭니다	만드오	만들	만든/만드는/만드니까/만드네요
멀다（遠い）	멀어요	머세요	멉니다	머오	멀	먼/-/머니까/머네요

＊1「-오」は説明・疑問・命令に使われる古風な終結語尾です。「당신을 사랑하오！」は「君が愛おしい！」

練習1　次の表現を例のように直してみましょう。

基本形＋語尾	活用
ㄹが脱落する	語幹－ㄹ
例　열다（開く）＋(으)세요（～てください）	여세요（開けてください）
달다（甘い）＋(으)ㄴ（～た…）	
알다（知る、わかる）＋(으)ㄹ（…）	
멀다（遠い）＋(으)니까（～から、～ので）	
놀다（遊ぶ）＋는（…）	

練習2 日本語に直してみましょう。

（1）지금 뭘 만드세요?（만들다^{マンドゥルダ}：作る）

（2）친구하고 같이 노니까 재미있었어요.（놀다^{ノルダ}：遊ぶ）

（3）백화점의 문 여는 시간을 가르쳐 주세요.（문^{ムン}：門、열다^{ヨルダ}：開く）

（4）집이 머니까 학교에 다니기 힘들어요.（멀다^{モルダ}：遠い、다니다^{タニダ}：通う）

練習3 韓国語に直してみましょう。〈下線のところは ㄹ語幹用言を使って〉

（1）今、どこに<u>住んでいますか</u>。（住む：살다^{サルダ}）

（2）このリンゴは<u>甘くて</u>おいしいです。（甘い：달다^{タルダ}）

（3）近くに化粧品を<u>売る</u>ところはありませんか。（近くに：가까이에^{カッカイエ}、化粧品：화장품^{ファジャンプム}、팔다^{パルダ}：売る）

（4）<u>遠くて</u>行けませんでした。（遠い：멀다^{モルダ}）

暮らしの韓国語単語 **39**〈干支〉

子年^{ねどし}	丑年^{うしどし}	寅年^{とらどし}	卯年^{うどし}	辰年^{たつどし}	巳年^{みどし}
쥐 띠^{チュィッティ}	소 띠^{ソッティ}	호랑이 띠^{ホ ラン イ ッティ}	토끼 띠^{トッキッティ}	용 띠^{ヨンッティ}	뱀 띠^{ペムッティ}
午年^{うまどし}	未 年^{ひつじどし}	申年^{さるどし}	酉年^{とりどし}	戌年^{いぬどし}	亥年^{いどし}
말 띠^{マルッティ}	양 띠^{ヤンッティ}	원 숭이 띠^{ウォンスン イッティ}	닭 띠^{タクッティ}	개 띠^{ケッティ}	돼 지 띠^{トゥェ ジ ッティ}

＊「亥年」は韓国では「豚年」と言います。

テグヌン トウォヨ
대구는 더워요?

大邱は暑いですか。

〈ㅂ(ピウプ)変則活用（不規則）〉

基本例文

TRACK 62

❶ A:대구는 더워요 ?
大邱は暑いですか。

B:분지라서 여름에는 꽤나 더워요 .
盆地なので、夏はかなり暑いです。

❷ A:더울 때는 어떻게 해요 ?
暑いときはどうしますか。

B:시원한 맥주를 마셔요 .
冷たいビールを飲みます。

❸ A:올해는 더운 날씨가 많았어요 .
今年は暑い日が多かったです。

B:올해는 정말 더웠지요 !?
今年は本当に暑かったでしょう。

❹ A:날씨가 자꾸 더워지네요 .
天気がどんどん暑くなりますね。

B:오늘도 너무 덥습니다 .
今日もとても暑いです。

語句

❶ □대구［大邱］：テグ＊韓国の南部地方の地名□더워요？：暑いですか＊덥다の해요体の疑問形＊덥다はㅂ変則□분지［盆地］□-라서：～なので□여름：夏□꽤나：かなり□더워요：暑いです＊덥다の해요体の平叙形　❷ □더울 때：暑いとき□어떻게：どのように□시원한：冷たい…□맥주［麦酒］：ビール　❸ □올해：今年□더운：暑い…□많았어요：多かったです□더웠지요 !?：暑かったでしょう　❹ □자꾸：どんどん□더워지다：暑くなる□덥습니다：暑いです＊덥다の합니다体の平叙形

文法ポイント

〈ㅂ変則活用（不規則）〉

語幹が「ㅂ」で終わる形容詞の大部分と動詞の一部は、「-아/어」や「-(으)면」など母音で始まる語尾が続く場合、パッチムの「ㅂ」が「우」に変わります〈ㅂ+아/어=워、ㅂ+으=우〉。なお、돕다（手伝う）、곱다（きれいだ）の2語は「ㅂ+아/어=와」になり、「도와」「고와」に変わります。

덥다 →	**더워요**	**더우면**	**돕다 →**	**도와요**	**도우면**
暑い	暑いです	暑ければ	助ける	助けます	助ければ

ただし、語幹がㅂで終わる形容詞の좁다（狭い）、動詞の입다（着る）、잡다（つかむ）などは規則活用をし、パッチムのㅂは変わりません。

좁다 →	**좁아요**	**좁으면**	**입다 →**	**입어요**	**입으면**
狭い	狭いです	狭ければ	着る	着ます	着れば

基本例文の発音 ［ ］の中は発音通りのハングル表記

❶ □대구는□더워요?□분지라서□여름에는 [여르메는] □꽤나 ❷ □더울 때는□어떻게 해요? [어떠케해요] □시원한 [시워난] □맥주를 [맥쭈를]□마셔요 ❸ □올해는 [오래는] □더운□날씨가□많았어요 [마나써요]□정 말□더웠지요!? [더월찌요] ❹ □자꾸□더워지네요□오늘도□너무□덥습니다 [덥씀니다]

トレーニング

そパッチムの ㅂ は「아/어」や「으」が続くと ㅂっ飛ぶんだね！

基本形	-습니다 スムニダ	-고 コ	-아/ 어요 ア/オ ヨ	-았/ 었어요 アッ/オッ ソ ヨ	-(으) ㄴ ン	-(으) 세요 セ ヨ	-(으) 면 ミョン
덥다 (暑い) トプタ	덥습니다 トプスムニダ	덥고 トプコ	더워요 トウォヨ	더웠어요 トウォッソヨ	더운 トウン	더우세요 トウセヨ	더우면 トウミョン
맵다 (辛い) メプタ	맵습니다 メプスムニダ	맵고 メプコ	매워요 メウォヨ	매웠어요 メウォッソヨ	매운 メウン	매우세요 メウセヨ	매우면 メウミョン
돕다 (助ける) トプタ	돕습니다 トプスムニダ	돕고 トプコ	도와요 トワヨ	도왔어요 トワッソヨ	도운 トウン	도우세요 トウセヨ	도우면 トウミョン
입다 (着る) イプタ	입습니다 イプスムニダ	입고 イプコ	입어요 イボヨ	입었어요 イボッソヨ	입은 イブン	입으세요 イブセヨ	입으면 イブミョン

練習1 次の表現を例のように直してみましょう。

例 덥다 (暑い) + 아/어 (〜て) トプタ ア オ	더워 (暑くて) トウォ
덥다 (暑い) + 아요/어요 (〜ます、です) トプタ アヨ オヨ	
굽다 (焼く) + (으)ㄴ (〜た…) クプタ ウ ン	
쉽다 (やさしい) + (으)ㄴ (…) シュィプタ ウ ン	
쉽다 (やさしい) + (으)니까 (〜から) シュィプタ ウ ニッカ	
맵다 (辛い) + (으)ㄹ (…) メプタ ウ ル	
굽다 (焼く) + (으)러 (〜に) クプタ ウ ロ	
굽다 (焼く) + (으)면 (〜ば) クプタ ウ ミョン	
굽다 (焼く) + (으)세요 (〜てください) クプタ ウ セヨ	

ㅂ変則用言
〈形容詞〉가깝다 (近い)、가볍다 (軽い)、고맙다 (ありがたい)、귀엽다 (かわいい)、
　　　　カッカプタ　　　カビョプタ　　　　コマプタ　　　　　　　　クィヨプタ
　　　 덥다 (暑い)、맵다 (辛い)、무겁다 (重い)、반갑다 (うれしい)、쉽다 (やさしい)、
　　　 トプタ　　　 メプタ　　　 ムゴプタ　　　　バンガプタ　　　　　シュィプタ
　　　 싱겁다 ((味が) 薄い)、아름답다 (美しい)、어렵다 (難しい)、춥다 (寒い) など
　　　 シンゴプタ　　　　　　　アルムダプタ　　　　 オリョプタ　　　 チュプタ
〈動　詞〉굽다 (焼く)、눕다 (横になる)、돕다 (助ける)　など
　　　　クプタ　　　 ヌプタ　　　　　　トプタ

正則用言
〈形容詞〉좁다 (狭い)〈動詞〉뽑다 (引き抜く)、업다 (おんぶする)、입다 (着る)、잡다 (つ
　　　　チョプタ　　　　　　　 ッポプタ　　　　　 オプタ　　　　　　　 イプタ　　　 チャプタ
　　　 かむ)、굽다 (曲がる、曲がっている)　など
　　　　　　 クプタ

練習 2 日本語に直してみましょう。

(1) 이 김치는 매우니까 못 먹겠어요.(맵다(メプタ):辛い)

(2) 이 고기는 구우면 맛있어요.(굽다(クプタ):焼く)

(3) 이 커피는 뜨거우니까 조심하세요.(뜨겁다(ットゥゴプタ):熱い、조심하다(チョシマダ):気をつける)

(4) 오늘은 날씨가 덥습니다.(덥다(トプタ):暑い)

練習 3 韓国語に直してみましょう。〈下線のところはㅂ変則用言を使って〉

(1) この問題は<u>やさしいです</u>。(やさしい:쉽다(シュイプタ))

(2) <u>難しかったら</u>教えてください。(難しい:어렵다(オリョプタ))

(3) <u>寒くて</u>行けませんでした。(寒い:춥다(チュプタ))

(4) 友だちを<u>助けます</u>。(助ける:돕다(トップタ))

暮らしの韓国語単語 40〈主要都市〉

ソウル	釜山	大邱	仁川	大田	光州	蔚山	世宗
서울(ソウル)	부산(プサン)	대구(テグ)	인천(インチョン)	대전(テジョン)	광주(クァンジュ)	울산(ウルサン)	세종(セジョン)

＊韓国の서울は「특별시(特別市)」、부산、대구、인천、대전、광주、울산の6つは「광역시(広域市)」、また、세종(世宗)は「특별자치시(特別自治市)」です。

41

用言の変則活用（不規則）

（1）ㄹ(リウル) 語幹
（2）ㅂ(ピウプ) 変則活用（不規則）
（3）ㄷ(ティグッ) 変則活用（不規則）
（4）ㅅ(シオッ) 変則活用（不規則）
（5）르(ル) 変則活用（不規則）
（6）으(ウ) 変則活用（不規則）
（7）ㅎ(ヒウッ) 変則活用（不規則）

韓国語の用言（動詞・形容詞など）には、「正則活用（規則的な活用）」のものと、「変則活用（不規則な活用）」のものがあります。

ほとんどの用言は「正則活用」をするもので、本書の1課から38課までに取り上げてきたものはほとんど「正則活用」でした。

他方、39課で取り上げた「ㄹ(リウル)語幹」と40課の「ㅂ(ピウプ)変則」は「変則活用」でしたが、他に上記のような「変則活用」があります。「変則活用」と言ってもすべて変わった活用をするわけではなく、多くは「正則活用」と同じ活用をしますが、語幹に「아(ア)/어(オ)」や「으(ウ)」などの語尾が続くとき、「正則活用」と異なる活用をする場合が多いです。

本書では基本学習に徹するために、あえて「ㄹ(リウル)語幹」と「ㅂ(ピウプ)変則」以外は取り上げていません。学習が進むにつれて上記の「変則活用」の知識が必要になってくることと思いますが、ここではご参考までに触れておきます。

(1)〈ㄹ語幹〉

(2)〈ㅂ変則活用(不規則)〉

(3)〈ㄷ変則活用(不規則)〉

〈ㄹ語幹〉は39課、
〈ㅂ変則〉は40課に
あったよね!

語幹末がㄷパッチムの動詞の一部は、あとに「-아/어」や「-으」など母音の語尾が続くとパッチムのㄷがㄹに変わります。

トゥッタ	トゥッスムニダ	トゥロヨ	トゥルミョン
듣다	듣습니다	들어요	들으면
聞く	聞きます	聞きます	聞けば

ㄷ変則	듣다(聞く)	ㄷがそのまま残る場合				
		듣고, 듣는, 듣습니다				
		ㄷがㄹに変わる場合				
		(ㄷ+아/어→ㄹ+아/어)		(ㄷ+으→ㄹ+으)		
		-아/어	-아요/어요	-(으)ㄴ	-(으)면	-(으)세요
		듣어(×) →들어	듣어요(×) →들어요	듣은(×) →들은	듣으면(×) →들으면	듣으세요(×) →들으세요

ㄷ変則活用をする形容詞はありません。

〈動詞〉걷다(歩く)、깨닫다(悟る)、듣다(聞く)、묻다(尋ねる)、싣다(載せる)など。

※닫다(閉める)、묻다(埋める)、믿다(信じる)、받다(受け取る)、얻다(得る)などは正則。

(4)〈ㅅ変則活用(不規則)〉

語幹末がㅅパッチムの動詞の一部と、形容詞の낫다(ましだ)はㅅ変則活用をします。ㅅ変則の用言は語幹末のㅅパッチムのあとに「-아/어」や「-으」など母音の語尾が続くとパッチムのㅅは脱落します。

ナッタ 낫다	ナッスムニダ 낫습니다	ナアヨ 나아요	ナウミョン 나으 면
治る	治ります	治ります	治れば

シオッ ㅅ 変則	ナッタ 낫다 (治る)	ㅅがそのまま残る場合				
		낫고, 낫는, 낫습니다				
		ㅅがなくなる場合				
		(ㅅ+아/어→아/어)		(ㅅ+으→으)		
		아/어	아요/어요	(으) ㄴ	(으) 면	(으) 세요
		낫아 (×) →나아	낫아요 (×) →나아요	낫은 (×) →나은	낫으면 (×) →나으면	낫으세요 (×) →나으세요

〈動　詞〉 긋다(クッタ) ((線を) 引く)、낫다(ナッタ) (治る)、붓다(プッタ) (注ぐ)、잇다(イッタ) (つなぐ)、짓다(チッタ) (作る) など。

〈形容詞〉 낫다(ナッタ) (ましだ)。

※빼앗다(ッペアッタ) (奪う)、벗다(ポッタ) (脱ぐ)、웃다(ウッタ) (笑う)、씻다(ッシッタ) (洗う) などは正則。

(5)〈르(ル)変則活用(不規則)〉

動詞の語幹末が르(ル)の大半の動詞や形容詞の場合、あとに母音「-아/어」が続くと、르(ル)はㄹ라(ルラ)/ㄹ러(ルロ)に変わります。르(ル)のすぐ前の母音が陽母音の場合はㄹ라(ルラ)、陰母音の場合はㄹ러(ルロ)になります。

タルダ 다르다	タルムニダ 다릅니다	タルラヨ 달라요	タルミョン 다르 면
異なる	異なります	異なります	異なれば

フルダ 흐르다	フルムニダ 흐릅니다	フルロヨ 흘러요	フルミョン 흐르 면
流れる	流れます	流れます	流れれば

르変則	흐르다（流れる）	르がそのまま残る場合	
		흐르고, 흐르는, 흐릅니다	
		르が르라/르러に変わる場合	
		(르＋아/어→ㄹ라/ㄹ러)	
		아/어	아요/어요
		흐르어（×）→흘러	흐르어요（×）→흘러요
으変則	치르다（支払う）	치르어（×）→치러	치르어요（×）→치러요

語幹末が르で終わる動詞・形容詞の多くは르変則用言ですが、一部は(6)の「으変則」活用となります〉

〈動　詞〉가르다（分ける）、고르다（選ぶ）、기르다（育てる）、나르다（運ぶ）、누르다（押さえる）、두르다（回す）、마르다（渇く・乾く）、머무르다（留まる）、모르다（知らない）、바르다（塗る）、부르다（呼ぶ・歌う）、서두르다（急ぐ）、오르다（上がる・登る）、자르다（切る）、조르다（ねだる）、흐르다（流れる）など。

〈形容詞〉게으르다（怠けている）、다르다（違う）、바르다（正しい）、이르다（早い）など

※다다르다（至る）、들르다（寄る）、따르다（従う）、치르다（支払う）は「으変則」。

（6）〈으変則活用（不規則）〉

語幹末が—の場合、あとに母音語尾「아/어」が続くと、母音—が脱落し、—のすぐ前の母音が陽母音の場合はㅏ、陰母音の場合はㅓがつきます。なお、語幹が1音節（쓰다, 끄다など）の場合は、—が落ちてㅓがつきます。

パップダ	パップムニダ	パッパヨ	パップミョン
바쁘다	**바쁩니다**	**바빠요**	**바쁘 면**
忙しい	忙しいです	忙しいです	忙しければ
キップダ	キップムニダ	キッポヨ	キップミョン
기쁘다	**기쁩니다**	**기뻐요**	**기쁘 면**
うれしい	うれしいです	うれしいです	うれしければ
ッスダ	ッスムニダ	ッソヨ	ッスミョン
쓰다	**씁니다**	**써요**	**쓰 면**
書く	書きます	書きます	書けば

으変則	바쁘다（忙しい）	—がそのまま残る場合	
		바쁘고, 바쁜, 바쁩니다	
		—がなくなる場合	
		(—＋아/어→ㅏ/ㅓ)	(—＋아요/어요→ㅏ요/ㅓ요)
		바쁘아（×）→바빠	바쁘아요（×）→바빠요
	기쁘다（うれしい）	기쁘어（×）→기뻐	기쁘어요（×）→기뻐요
	쓰다（書く・使う）	쓰어（×）→써	쓰어요（×）→써요

〈動　詞〉 끄다（消す）、다다르다（至る）、뜨다（浮かぶ）、쓰다（書く・使う）、따르다（従う）、모으다（集める）、들르다（立ち寄る）、치르다（支払う）など。

〈形容詞〉 고프다（お腹がすく）、기쁘다（うれしい）、나쁘다（悪い）、바쁘다（忙しい）、아프다（痛い）など。

（7）〈ㅎ変則活用（不規則）〉

語幹末がㅎパッチムの形容詞の場合（좋다を除く）、あとに母音「아/어」が続くと、ㅎパッチムは脱落し、語幹の末尾の母音は「아/어」と合体して「ㅐ」になります。なお、語尾の母音「으」が続く場合はㅎパッチムも母音「으」もいっしょに脱落します。

なお、形容詞の좋다（よい）と、動詞は正則活用です。

パラタ 파랗다	パラッスムニダ 파랗습니다	パレヨ 파래요	パラミョン 파라면
青い	青いです	青いです	青ければ
イロタ 이렇다	イロッスムニダ 이렇습니다	イレヨ 이래요	イロミョン 이러 면
こうだ	こうです	こうです	こうであれば

ヒウッ ㅎ 変則		ㅎがそのまま残る場合				
		파랗고, 파랗습니다				
		ㅎがなくなる場合				
	パラタ 파랗다 （青い）	(ㅏ/ㅓ＋ㅎ＋아/어→ㅐ)		(ㅎ＋으→×)		
		-아/어	-아요/어요	-(으) ㄴ	-(으) 면	-(으) 세요
		파랗아（×） →파래	파랗아요（×） →파래요	파랗은（×） →파란	파랗으면（×） →파라면	파랗으세요（×） →파라세요
	イロタ 이렇다 （こうだ）	이렇어（×） →이래	이렇어요（×） →이래요	이렇은（×） →이런	이렇으면（×） →이러면	이렇으세요（×） →이러세요

〈**形容詞**〉그렇다（クロタ）（そうだ）、까맣다（ッカマタ）（黒い）、노랗다（ノラタ）（黄色い）、빨갛다（ッパルガタ）（赤い）、어떻다（オットタ）（どうだ）、이렇다（イロタ）（こうだ）、저렇다（チョロタ）（ああだ）、파랗다（パラタ）（青い）、하얗다（ハヤタ）（白い）など。

※動詞の낳다（ナタ）（産む）、넣다（ノタ）（入れる）、놓다（ノタ）（置く）、닿다（タタ）（着く）、쌓다（ッサタ）（積む）などと、形容詞の좋다（チョタ）（よい）は正則。

第 3 部

付録

❶ 助詞一覧表

助詞	機能	母音終わり	子音終わり
は	主題	는 노트는〔スン/ノトゥヌン〕(ノートは)	은 책은〔ウンチェグン〕(本は)
が	主格	가 노트가〔カ/ノトゥガ〕(ノートが)	이 책이〔イチェギ〕(本が)
を	目的	를 노트를〔ルル/ノトゥルル〕(ノートを)	을 책을〔ウルチェグル〕(本を)
	*〜に乗る	를 버스를 타다〔ルル/ポスルル タダ〕(バスに乗る)	을 지하철을 타다〔ウル チハチョルルル タダ〕(地下鉄に乗る)
	*〜に会う	를 친구를 만나다〔ルル/チングルル マンナダ〕(友だちに会う)	을 동생을 만나다〔ウル トンセンウル マンナダ〕(弟・妹に会う)
	*〜が好きだ	를 커피를 좋아하다〔ルル/コピルル チョアハダ〕(コーヒーが好きだ)	을 빵을 좋아하다〔ウル ッパンウル チョアハダ〕(パンが好きだ)
と	列挙	와 노트와〔ワ/ノトゥワ〕(ノートと)	과 책과〔クッ チェックァ〕(本と)
		하고*1 노트하고〔ハゴ/ノトゥハゴ〕(ノートと)	책하고〔チェカゴ〕(本と)
の	属格・所有	의 노트의〔ウイ/ノトゥエ〕(ノートの)	책의〔チェグ〕(本の)
も	追加・許容	도 노트도〔ト/ノトゥド〕(ノートも)	책도〔チェクト〕(本も)
に	事物・場所・時間	에 노트에〔エ/ノトゥエ〕(ノートに)　학교에〔ハッキョエ〕(学校に)	책에〔チェゲ〕(本に)　오전에〔オジョネ〕(午前に)
	人・動物	에게 친구에게〔エゲ/チングエゲ〕(友だちに)	고양이에게〔コヤンイエゲ〕(猫に)
		한테*2 친구한테〔ハンテ〕(友だちに)	고양이한테〔コヤンイハンテ〕(猫に)
	人(尊敬)	께 선생님께〔ッケ/ソンセンニムッケ〕(先生に)	
へ	方向	로 도쿄로〔ロ/トキョロ〕(東京へ)	으로 부산으로〔ウロ/ブサヌロ〕(釜山へ)
			로〈ㄹパッチム〉서울로〔ロ/ソウルロ〕(ソウルへ)

助詞	機能	母音終わり	子音終わり
で	手段・道具	로_ロ 종이로_{チョンイロ}(紙で)	으로_{ウロ} 볼펜으로_{ボルペヌロ}(ボールペンで) 로_ロ 〈ㄹパッチム〉연필로_{ヨンピルロ}(鉛筆で)
	場所	에서_{エソ} 학교에서_{ハッキョエソ}(学校で)	공원에서_{コンウォネソ}(公園で)
から	空間・事物	에서_{エソ}(부터_{ブト}) 도쿄에서_{トキョエソ}(부터)(東京から)	책에서_{チェゲソ}(本から)
	時間・順序	부터_{ブト} 아침부터_{アチムブト}(朝から)	1번부터_{イルボンブト}(一番から)
まで	空間・時間・範囲	까지_{ッカジ} 오사카까지_{オサカッカジ}(大阪まで) 저녁까지_{チョニョッカジ}(夕方まで) 10번까지_{シッポンッカジ}(10番まで)	
だけ	限定	만_{マン} 노트만_{ノトゥマン}(ノートだけ)	책만_{チェンマン}(本だけ)
より	比較	보다_{ボダ} 노트보다_{ノトゥボダ}(ノートより)	책보다_{チェクボダ}(本より)
でも	次善	라도_{ラド} 노트라도_{ノトゥラド}(ノートでも)	이라도_{イラド} 책이라도_{チェギラド}(本でも)

*¹と*²はおもに話し言葉で使われる。

❷ 仮名のハングル表記法

仮名1文字はハングルでも1文字!

語頭／語中・語末

仮名　ハングル				
ア 아	イ 이	ウ 우	エ 에	オ 오
カ 가 / 카	キ 기 / 키	ク 구 / 쿠	ケ 게 / 케	コ 고 / 코
サ 사	シ 시	ス 스	セ 세	ソ 소
タ 다 / 타	チ 지 / 치	ツ 쓰	テ 데 / 테	ト 도 / 토
ナ 나	ニ 니	ヌ 누	ネ 네	ノ 노
ハ 하	ヒ 히	フ 후	ヘ 헤	ホ 호
マ 마	ミ 미	ム 무	メ 메	モ 모
ヤ 야		ユ 유		ヨ 요
ラ 라	リ 리	ル 루	レ 레	ロ 로
ワ 와				ヲ 오
ッ ㅅ ←	「っ」の「ㅅ」と「ん」の「ㄴ」は前の字と合体!			→ ン ㄴ
ガ 가	ギ 기	グ 구	ゲ 게	ゴ 고
ザ 자	ジ 지	ズ 즈	ゼ 제	ゾ 조
ダ 다	ヂ 지	ヅ 즈	デ 데	ド 도
バ 바	ビ 비	ブ 부	ベ 베	ボ 보
パ 파	ピ 피	プ 푸	ペ 페	ポ 포
キャ 갸 / 캬		キュ 규 / 큐		キョ 교 / 쿄
シャ 샤		シュ 슈		ショ 쇼
ジャ 자		ジュ 주		ジョ 조
チャ 자 / 차		チュ 주 / 추		チョ 조 / 초
ニャ 냐		ニュ 뉴		ニョ 뇨
ヒャ 햐		ヒュ 휴		ヒョ 효
ビャ 뱌		ビュ 뷰		ビョ 뵤
ピャ 퍄		ピュ 퓨		ピョ 표
ミャ 먀		ミュ 뮤		ミョ 묘
リャ 랴		リュ 류		リョ 료

홋(카이도)
北海道

긴(자)
銀座
군(마)
群馬

〈表記方法〉(1)「ッ」の「ㅅ」、「ン」の「ㄴ」は、横並びではなく、下に書く。

例）ホッカイドウ（北海道）홋카이도　　ギンザ（銀座）긴자

(2) 長音は表記しない。

例）トウキョウ（東京）도쿄　　オオサカ（大阪）오사카

オオタ ユウコ（太田裕子）오타 유코

〈書いてみましょう〉 次の人名や地名をハングルで書いてみましょう。

(1)自分の名前：

(2)好きな人の名前：

(3)最寄りの駅名：

(4)行きたい所：

❸ 韓国語の띄어쓰기（分かち書き）

韓国語における「띄어쓰기」とは、「띄다」（分ける、間隔をあける）＋「쓰다」（書く）の合成語で、日本語の「分かち書き」と同じく、文章を書く際に、単語と単語の間を分けて書くこと、つまり単語と単語の間にスペースを入れることです。

日本語の場合、漢字をふんだんに使っているため、分かち書きをしなくても文章を読むとき、支障がありませんが、韓国語の場合は文の中でほとんど漢字を使わないため、分かち書きをしなければ読みにくくなります。

基本的には文節（不自然でない程度に区切ったときに得られる最小の単位）ごとにスペースを空ければいいですが、具体的には次のルールがあります。

1. 助詞：分かち書きをしない

학교에 가요.（学校に行きます）　밥을 먹어요.（ご飯を食べます）

2. 指定詞：分かち書きをしない

친구다.（友だちだ）　친구입니다/예요.（友だちです）

회사원입니다/이에요.（会社員です）

3. 語尾：分かち書きをしない

학교에 가면（学校に行ったら）　밥을 먹고（ご飯を食べて）

4. 依存名詞（의존명사）：分かち書きをする

갈 수 있다.（行くことが出来る）

노력하는 것이 중요하다.（努力するのが重要だ）

5. 助数詞：分かち書きをする

책 한 권（本1冊）　연필 두 자루（鉛筆2本）　꽃 세 송이（花3輪）

커피 네 잔（コーヒー4杯）　스무 살（20歳）

ただし、**順序**を表すときや**算用数字**と共に用いられる場合は分かち書きをしないこともある。

일개월（1か月）　이층（2階）　삼주일（3週間）、사학년（4年生）、2021년10월9일（2021年10月9日）　10개（10個）

500원（500ウォン）　800미터（800メートル）　3동 507호（3棟507号）

6. 姓名：分かち書きをしない

홍길동（洪吉童）　김지민（金知民）

ただし、남궁（南宮）、독고（独孤）、황보（皇甫）など、姓が2文字の場合、姓と名前は分かち書きする。

남궁 원（南宮 元）、독고 탁（独孤 卓）、황보 욱（皇甫 旭）

7. 呼称や役職：分かち書きをする

名前につく「-씨（～さん）」や「-사장（～社長）」などの接尾語や役職は分かち書きをする。

김민수 씨（金ミンスさん）　이 사장（李社長）　박 선생님（朴先生）

❹ 子音字母の名前

ハングルの子音文字にはそれぞれ名前があります。

その名前の覚え方は簡単で、たとえば、下の左の表の■のところに当該の文字を書き入れればその文字の名前になります。

■이	으■

ㄴ　니은

니	은

ㄹ　리을

리	을

文字	名前	文字	名前
ㄱ	기역（キヨㇰ）	ㅊ	치읓（チウッ）
ㄴ	니은（ニウン）	ㅋ	키읔（キウㇰ）
ㄷ	디귿（ティグッ）	ㅌ	티읕（ティウッ）
ㄹ	리을（リウㇽ）	ㅍ	피읖（ピウㇷ゚）
ㅁ	미음（ミウㇺ）	ㅎ	히읗（ヒウッ）
ㅂ	비읍（ピウㇷ゚）	ㄲ	쌍기역（サンギヨㇰ）
ㅅ	시옷（シオッ）	ㄸ	쌍디귿（ッサンディグッ）
ㅇ	이응（イウン）	ㅃ	쌍비읍（ッサンビウㇷ゚）
ㅈ	지읒（チウッ）	ㅆ	쌍시옷（ッサンシオッ）
		ㅉ	쌍지읒（ッサンジウッ）

ただし、下記の表の網がけのㄱㄷㅅだけは例外

濃音を書き表す文字のㄲㄸㅃㅆㅉは前に「2つ」の意味の쌍（ッサン）（双）をつけます。

単語索引①　日本語→韓国語

日本語	韓国語
あ行	
愛する	사랑하다
藍色	남색
会う	만나다
青	파랑
赤	빨강
明るい	밝다
秋	가을
開ける	열다
朝、朝ごはん	아침
朝顔	나팔꽃
あさって	모레
脚	다리
足	발
明日	내일
足の指	발가락
あそこ	저기
遊ぶ	놀다
暖かい	따뜻하다
温める	데우다
頭	머리
熱々だ	따끈하다
暑い	덥다
あとで	나중에 , 이따가
(弟から見て)兄	형
(妹から見て)兄	오빠
(弟から見て)姉	누나
(妹から見て)姉	언니
あの	저
あの方	저분
あまりにも	너무
飴	사탕
雨	비
アメリカ	미국
(髪を)洗う	감다
洗う	씻다
ある	있다
ある	어느
歩く	걷다
あれ	저것
いい	좋다
いいえ	아뇨
家	집
いかがですか	어때요？
イギリス	영국
生きる	살다
行く	가다
いくつ	몇
いくら	얼마
生け花	꽃꽂이
囲碁	바둑
居酒屋	술집
医者	의사
忙しい	바쁘다
一(いち)	일
1月	일월
イチゴ	딸기
一度	한번
1日	하루

市場	시장
1万	만
いつ	언제
一生懸命	열심히
いっしょに	같이,함께
5つ（の）	다섯
一杯	한잔
いつも	늘
いとこ	사촌
戌年（いぬどし）	개띠
いない	없다
犬	개
亥年（いどし）	돼지띠
妹	여동생、 동생
イヤリング	귀걸이
いる	있다
いろいろ（な）	여러가지
インチョン（仁川）	인천
インド	인도
ウィスキー	양주
上	위
ウェイター	웨이터
～ウォン	-원
ウサギ	토끼
丑年（うしどし）	소띠
後ろ	뒤
歌	노래
歌う	부르다
内	안
美しい	아름답다
器	그릇
卯年（うどし）	토끼띠
午年（うまどし）	말띠
海	바다
ウルサン（蔚山）	울산
運動する	운동하다
絵	그림
エアコン	에어컨
A	에이
映画	영화
映画館	영화관,극장
映画鑑賞	영화감상
英語	영어
ええ	네
駅	역
絵本	그림책
～円	엔
演劇	연극
鉛筆	연필
おいしい	맛있다
終える	끝내다
多い	많다
大きい	크다
大きさ	크기
オーストラリア	오스트레일리아
オートバイ	오토바이
お母様	어머님
お母さん	어머니,엄마
お菓子	과자
お金	돈
置かれる	놓이다
お客さん	손님
起きる	일어나다
億	억
置く	놓다,두다
遅れる	늦다
お言葉	말씀
幼い	어리다
おじいさん	할아버지
おしゃれな人	멋쟁이

お嬢さん	따님
遅い	늦다
お誕生日	생신
おっしゃる	말씀하시다
おつまみ	안주
おつり	거스름돈
お父様	아버님
お父さん	아버지,아빠
弟	남동생,동생
おととい	그저께
踊り	춤
踊る	추다
おなか	배
同じ	마찬가지
おばあさん	할머니
お土産	선물
重い	무겁다
面白い	재미있다
面白くない	재미없다
お休みになる	주무시다
降りる	내리다
終わる	끝나다
音楽	음악
音楽鑑賞	음악감상
か行	
〜が	-가/-이
〜回	-번
〜階	-층
会議	회의
会合	모임
外国	외국
外国語	외국어
改札口	개찰구
会社員	회사원
買う	사다
変える	바꾸다
顔	얼굴
価格	값
科学	과학
鏡	거울
柿	감
鍵	열쇠
欠く	거르다
書く	쓰다
学生	학생
学年	학년
傘	우산
カササギ	까치
歌手	가수
風	바람
数える	세다
家族	가족
肩	어깨
方（かた）	분
勝つ	이기다
〜月	-월
かっこいい	멋있다
勝手に	멋대로
家電製品	가전제품
悲しみ	슬픔
カナダ	캐나다
かなり	꽤나
彼女	여친
カバ	하마
かばん	가방
カフェ	카페
ガム	껌
カメラ	카메라
通う	다니다
火曜日	화요일

～から	-부터,-에서
辛い（からい）	맵다
カラオケ	노래방
カラス	까마귀
体	몸
カルビ	갈비
カレーライス	카레라이스
彼氏	남친
川	강
変わる	바뀌다
韓国	한국
韓国語	한국어
看護師	간호사
韓定食	한정식
感動的	감동적
カンナム（江南）	강남
韓服	한복
木	나무
黄色	노랑
消える	꺼지다
聞く	듣다
記者	기자
キス	뽀뽀
季節	계절
ギター	기타
汚い	더럽다
キツネ	여우
昨日	어제
キノコ	버섯
気分	기분
キムチ	김치
決める	정하다
九	구
牛乳	우유
きゅうり	오이

今日	오늘
教科書	교과서
ギョウザ	만두
教室	교실
～曲	-곡
キリン	기린
着る	입다
きれいだ	깨끗하다
銀行	은행
キンパ	김밥
金曜日	금요일
空港	공항
9月	구월
薬	약
口	입
唇	입술
靴	구두,신발
クッキー	쿠키
靴下	양말
首	목
クマ	곰
雲	구름
曇り	흐림
～くらい	-쯤
クラシック	클래식
暮らす	살다
来る	오다
黒い	검다
クヮンジュ（光州）	광주
軍人	군인
警察	경찰
警察官	경찰관
警察署	경찰서
携帯電話	휴대폰
契約する	계약하다

ケーキ	케이크
ゲーム（機）	게임(기)
劇場	극장
景色	경치
消しゴム	지우개
化粧品	화장품
消す	끄다
結婚	결혼
月曜日	월요일
見物する	구경하다
〜個	-개
五	오
子犬	강아지
公園	공원
紅茶	홍차
交通	교통
後輩	후배
公務員	공무원
紅葉	단풍
コーヒー	커피
コーラ	콜라
氷	얼음
5月	오월
国語	국어
ここ	여기
午後	오후
ココア	코코아
9つ（の）	아홉
心	마음
腰	허리
午前	오전
コチュジャン	고추장
小遣い	용돈
今年	올해
異なる	다르다

子ども	아이, 애, 어린이
ことわざ	속담
この	이
この頃	요즘
ご飯	밥
ごま油	참기름
ゴミ	쓰레기
ご両親	부모님
これ	이거, 이것
これが、これは	이게
これは	이건
今週	이번 주
コンビニ	편의점
コンピューター	컴퓨터
さ行	
サイ	코뿔소
〜歳	-살
サイズ	크기
サイダー	사이다
探す	찾다
咲く	피다
昨年	작년
桜	벚꽃
酒	술
匙	숟가락
〜冊	-권
サッカー	축구
さっき	아까
雑誌	잡지
さつまいも	고구마
砂糖	설탕
寒い	춥다
サムゲタン	삼계탕
サラダ	샐러드
申年（さるどし）	원숭이띠

三	삼
～さん	-씨
3月	삼월
サングラス	선글라스
サンチュ	상추
散歩	산책
詩	시
字	글씨
～時	-시
幸せだ	행복하다
CD	시디
ジーンズ	청바지
塩	소금
4月	사월
時間	시간
しきりに	자꾸
地震	지진
静かだ	조용하다
下	아래
下着	속옷
7月	칠월
湿気	습기
辞典	사전
自転車	자전거
自動車	자동차
死ぬ	죽다
芝生	잔디밭
しばらく	잠깐만
島	섬
シマウマ	얼룩말
閉める	닫다
閉まる	닫히다
霜降り	꽃등심
ジャージャーメン	짜장면
社会	사회

ジャガイモ	감자
写真	사진
社長	사장님
シャワー	샤워
シャンプー	샴푸
ジュース	주스
十	십
11月	십일월
10月	시월
就職する	취직하다
12月	십이월
週末	주말
宿題	숙제
主婦	주부
趣味	취미
賞	상
将棋	장기
小説	소설
焼酎	소주
常備菜	밑반찬
醤油	간장
将来	장래
食事する	식사하다
食堂	식당
女性	여자
しょっぱい	짜다
書店	서점
知らない	모르다
汁	국
知る	알다
信じる	믿다
身長	키
心配する	걱정하다
新聞	신문
水泳	수영

スイカ	수박
睡眠	잠
水曜日	수요일
吸う	피우다
数学	수학
スーツ	양복
スーパー（マーケット）	슈퍼(마켓)
スープ	국,수프
スカート	치마
好きだ	좋아하다
過ぎる	지나다
（お腹が）すく	고프다
少ない	적다
少しずつ	조금씩
涼しい	시원하다
スタッフ	스태프
頭痛	두통
酸っぱい	시다
素敵だ	멋있다
スパゲッティ	스파게티
スピーキング	말하기
スプーン	숟가락
酢豚	탕수육
スポーツ	스포츠
ズボン	바지
住む	살다
スリッパ	슬리퍼
する	하다
座る	앉다
生	삶
精神	정신
制服	교복
背負う	메다
セジョン（世宗）	세종
せっけん	비누

背中	등
ゼロ	공,영
千	천
線	줄
前後	앞뒤
選手	선수
先週	지난주
先生	선생님
洗濯機	세탁기
銭湯	목욕탕
全部	다
扇風機	선풍기
象	코끼리
掃除機	청소기
掃除する	청소하다
ソウル	서울
そこ	거기
そこまで	그만
外	밖
その	그
ソファ	소파
空	하늘
それ	그것
それは	그건
そんなに	그렇게
た行	
～台	-대
大学	대학교
大学生	대학생
ダイコン	무
大丈夫だ	괜찮다
橙色（だいだいいろ）	주황
台所	부엌
台風	태풍
大変だ	힘들다

太陽	해
タオル	수건
倒れる	넘어지다
(値段が) 高い	비싸다
たくさん	많이
タクシー	택시
助ける	돕다
尋ねる	묻다
畳む	개다
タッカルビ	닭갈비
卓球	탁구
辰年 (たつどし)	용띠
建てる	짓다
他人	남
楽しむ	즐기다
タバコ	담배
多分	아마도
食べる	먹다
卵	계란
タマネギ	양파
誰	누구
誰が、誰かが	누가
タレント	탤런트
単語	단어
誕生日	생일
男性	남자
田んぼ	논
小さい	작다
チェジュド (済州島)	제주도
チェロ	첼로
近い	가깝다
違う	다르다
近頃	요즘
地下鉄	지하철
チケット	표
チジミ	부침개, 지짐이
父	아버지
チップ	팁
チマチョゴリ (韓服)	치마저고리
チャプチェ	잡채
チュー	뽀뽀
中国	중국
駐車	주차
注文する	주문하다
朝鮮人参	인삼
ちょうど	딱
ちょっと	좀
通じる	통하다
使う	쓰다
つかむ	잡다
月	달
次	다음
机	책상
作る	만들다
つける	켜다
妻	아내
梅雨	장마
強い	강하다, 세다
釣り	낚시
手	손
～で	-로/-으로/-에서
手足	손발
出かける	나가다
手紙	편지
テグ (大邱)	대구
デザート	디저트
デザイン	디자인
テジョン (大田)	대전
～です	-입니다
～ですか	-입니까?

～ですね	-네요
手帳	수첩
手伝う	돕다
デパート	백화점
寺	절
出る	나가다
テレビ	텔레비전
天気	날씨
電車	전철
電話	전화
～と	-과/-와/-하고
～度	-번
ドイツ	독일
トイレ	화장실
～頭	-마리
唐辛子	고추
道徳	도덕
どうして	왜
どうやって	어떻게
10(とお)(の)	열
遠い	멀다
解く	풀다
読書	독서
時計	시계
溶ける	녹다
どこ	어디
どこで	어디서
ところ	곳
登山	등산
どの	어느
～年(どし)	-띠
土地	땅
トッポキ	떡볶이
とても	너무, 매우, 아주
閉じる	닫히다
トマト	토마토
泊まる	묵다
友だち	친구
土曜日	토요일
トラ	호랑이
寅年(とらどし)	호랑이띠
ドラマ	드라마
ドラム	드럼
酉年(とりどし)	닭띠
撮る	찍다
取る	잡다
どれ	어느 것
トンデムン(東大門)市場	동대문시장

な行

ない	없다
中	안
長い	길다
流れる	흐르다
泣く	울다
梨	배
なぜ	왜
夏	여름
七	칠
7つ(の)	일곱
何	무엇
何(を)	뭐
何を	뭘
～なので	-라서
鍋	냄비
鍋料理	찌개
名前	이름
ナムサン(南山)	남산
ナムル	나물
習う	배우다
なる	되다

何〜	몇
何月	몇 월
何時	몇 시
南大門市場	남대문 시장
何日	며칠
何の	무슨
二	이
〜に	-에
似合う	어울리다
2月	이월
虹	무지개
日曜日	일요일
〜には	-엔
日本	일본
日本酒	청주
荷物	짐
にわか雨	소나기
鶏（ニワトリ）	닭
〜人	-명,-사람
脱ぐ	벗다
塗る	칠하다
ネギ	파
ネクタイ	넥타이
猫	고양이
値段	값
ネックレス	목걸이
子年（ねどし）	쥐띠
寝坊	늦잠
〜年	-년
〜年生	-학년
ノート	노트
残る	남다
載せる	싣다
のど	목
飲み屋	술집

飲む	마시다
糊	풀
乗り換える	갈아타다
のり巻き	김밥
乗る	타다
は行	
歯	이
〜は	-는/-은
はい	예,네
バイオリン	바이올린
俳優	배우
入る	들어가다
白菜	배추
博物館	박물관
ハサミ	가위
箸	젓가락
初めて、始め	처음
始める	시작하다
パジャマ	잠옷
場所	장소
走る	뛰다
バスケットボール	농구
畑	밭
働く	일하다
八	팔
8月	팔월
発音	발음
花	꽃
鼻	코
話	이야기
バナナ	바나나
花屋	꽃집
母	엄마, 어머니
パパ	아빠,아버지
歯ブラシ	칫솔

歯磨き粉	치약
早く	일찍
腹	배
バラ	장미
バラの花	장미꽃
春	봄
貼る	붙다
晴れ	맑음
バレーボール	배구
晴れる	맑다
半	반
～番	-번
パン	빵
パン屋	빵집
ハンカチ	손수건
ハンガン（漢江）	한강
ハングル	한글
ハンドバッグ	핸드백
ハンバーガー	햄버거
ハンバーグ	햄버그
ビール	맥주
～匹	-마리
弾く	치다
飛行機	비행기
膝	무릎
美術	미술
美術館	미술관
ビスケット	비스킷
額	이마
未年（ひつじどし）	양띠
人	사람
1つ	하나
1つの	한
ビビンバ	비빔밥
ヒマワリ	해바라기
百	백
百貨店	백화점
病院	병원
病気	병
昼	낮
昼ご飯	점심
昼寝	낮잠
広い	넓다
ピンデトック	빈대떡
夫婦	부부
服	옷
拭く	닦다
吹く	불다
復習	복습
プサン（釜山）	부산
豚	돼지
再び	다시
2つ	둘
2つの	두
普段	보통
筆箱	필통
ブドウ	포도
布団	이불
船	배
冬	겨울
フライパン	프라이팬
フランス	프랑스
降る	내리다
プレゼント	선물
風呂場	목욕탕
文法	문법
～へ	-로/-으로
ベッド	침대
部屋	방
勉強する	공부하다

弁護士	변호사
弁当	도시락
帽子	모자
僕	나
僕たち	우리
星	별
ポップス	팝송
ホテル	호텔
本	책
～本	-병,-자루
盆地	분지
本当	정말
ま行	
～枚	-장
毎日	매일
毎年	매년
前	앞
前売り券を買う	예매하다
マグロ	참치
マクワウリ	참외
負ける	지다
まずい	맛없다
また	또
マッコリ	막걸리
松の木	소나무
～まで	-까지
窓	창문
学ぶ	배우다
ママ	엄마
眉毛	눈썹
万年筆	만년필
満腹だ	부르다
ミカン	귤
短い	짧다
水	물
店	가게, 집
味噌	된장
3つ	셋
3つの～	세
巳年（みどし）	뱀띠
緑	초록
ミネラルウォーター	생수
耳	귀
ミュージカル	뮤지컬
ミョンドン（明洞）	명동
みんな（で）	다,모두
ムクゲ	무궁화
難しい	어렵다
息子	아들
娘	딸
娘さん	따님
6つ（の）	여섯
胸	가슴
紫	보라
無理	무리
目	눈
メール	메일
～名	-명/-사람
メガネ	안경
召し上がる	드시다,잡수시다
目立つ	띄다
メニュー	메뉴
～も	-도
もう	이제
木曜日	목요일
餅	떡
持つ	들다
モムサル	몸살
森	숲
や行	

やかん	주전자
焼き肉	불고기
野球	야구
焼く	굽다
薬剤師	약사
約束	약속
易しい	쉽다
野菜	야채,채소
安い	싸다
(学校の長期の)休み	방학
休む	쉬다,놀다
痩せる	살을 빼다
薬局	약국
8つ(の)	여덟
山	산
山登り	등산
ヤンニョムチキン	양념치킨
夕方	저녁
夕ご飯	저녁
郵便局	우체국
雪	눈
指	손가락
指輪	반지
夢	꿈
よい	좋다
よく	자주
横	옆
横になる	눕다
予習	예습
4つ	넷
4つの〜	네
呼ぶ	부르다
読む	읽다
予約する	예약하다
余裕	여유

夜	밤
寄る	들르다
夜遅く	밤늦게
喜び	기쁨
四	사
ら行	
ラーメン	라면
ライオン	사자
来月	다음달
来週	다음주
来年	내년
楽だ	편하다
ラジオ	라디오
留学	유학
留学生	유학생
リュック	륙색
料理	요리,음식
緑茶	녹차
旅行	여행
リンゴ	사과
冷蔵庫	냉장고
冷麺	냉면
レポート	리포트
練習	연습
連絡する	연락하다
六	육
6月	유월
ロシア	러시아
わ行	
〜羽	-마리
わが国	우리나라
わからない	모르다
わかる	알다
私(わたくし)	저
私の	제

わたし	나
わたしたち	우리
私の	제
渡す	건네다
渡る	건너다
ワニ	악어
笑う	웃다
悪い	나쁘다
～を	-을/-를

単語索引②　韓国語→日本語

韓国語	日本語
ㄱ	
가	～が
가게	店
가깝다	近い
가다	行く
가방	かばん
가수	歌手
가슴	胸
가위	ハサミ
가을	秋
가전제품	家電製品
가족	家族
간장	醤油
간호사	看護師
갈비	カルビ
갈아타다	乗り換える
감	柿
감기	風邪
감다	閉じる、洗う
감동적	感動的
감자	ジャガイモ
값	値段、価格
강	川
강남	カンナム（江南）
강당	講堂
강아지	子犬
강하다	強い
같이	いっしょに
개	犬
-개	～個
개다	畳む
개띠	戌年（いぬどし）
개찰구	改札口
거기	そこ
거르다	欠く、抜く
거스름돈	おつり
거울	鏡
걱정하다	心配する
건너다	渡る
건네다	渡す
걷다	歩く
검다	黒い
게임(기)	ゲーム（機）
겨울	冬
결혼	結婚
경찰	警察
경찰관	警察官
경찰서	警察署
경치	景色
계란	卵
계약하다	契約する
계절	季節
고구마	さつまいも
고양이	猫
고추	唐辛子
고추장	コチュジャン
고프다	（お腹が）すく
-곡	～曲
곰	クマ

곳	ところ
공	ゼロ
공무원	公務員
공부하다	勉強する
공원	公園
공항	空港
-과	～と
과자	お菓子
과학	科学
광주	クヮンジュ（光州）
괜찮다	大丈夫だ
교과서	教科書
교복	（学生の）制服
교실	教室
교통	交通
구	九
구경하다	見物する
구두	靴
구름	雲
구월	9月
국	スープ、汁
국어	国語
군인	軍人
굽다	焼く
-권	～冊
귀	耳
귀걸이	イヤリング
귤	ミカン
그	その
그것	それ
그다지	あまり
그렇게	そんなに
그릇	器
그림	絵
그림책	絵本
그만	そこまで
그저께	おととい
극장	劇場、映画館
글씨	字
금요일	金曜日
기린	キリン
기분	気分
기쁨	喜び
기자	記者
기타	ギター
길다	長い
김밥	キムパ、のり巻き
김치	キムチ
까마귀	カラス
-까지	～まで
까치	カササギ
깨끗하다	きれいだ
꺼지다	消える
껌	ガム
꽃	花
꽃꽂이	生け花
꽃등심	霜降り
꽃집	花屋
꽤나	かなり
꿈	夢
끄다	消す
끝나다	終わる
끝내다	終える
ㄴ	
나	わたくし、僕
나가다	出る、出かける
나무	木
나물	ナムル
나빠지다	悪くなる
나쁘다	悪い

나중에	あとで
나팔꽃	朝顔
낚시	釣り
날씨	天気
남	他人
남다	残る
남대문시장	南大門市場
남동생	弟
남산	ナムサン（南山）
남색	藍色
남자	男性
남친(←남자친구)	彼氏
낮	昼
낮잠	昼寝
내년	来年
내다	出る
내리다	降る、降りる
내일	明日
냄비	鍋
냉면	冷麺
냉장고	冷蔵庫
너무	とても、あまりにも
넓다	広い
넘어지다	倒れる
네	ええ、はい
네	4つの～
넥타이	ネクタイ
넷	4つ
-년	～年
노랑	黄色
노래	歌
노래방	カラオケ
노트	ノート
녹다	溶ける
녹차	緑茶

논	田んぼ
놀다	遊ぶ、休む
농구	バスケットボール
놓다	置く
놓이다	置かれる
누가	誰が、誰かが
누구	誰
누나	（弟から見て）姉
눈	目
눈	雪
눈썹	眉毛
눕다	横になる
-는	～は
늘	いつも
늦다	遅い、遅れる
늦잠	寝坊
ㄷ	
다	みんなで、全部
다니다	通う
다르다	違う、異なる
다리	脚
다섯	5つ（の）
다시	再び
다음	次
다음달	来月
다음주	来週
닦다	拭く
단어	単語
단풍	紅葉
닫다	閉める
닫히다	閉まる
달	月
닭	鶏（にわとり）
닭갈비	タッカルビ
닭띠	酉年（とりどし）

담배	タバコ
-대	～台
대구	テグ（大邱）
대전	テジョン（大田）
대학교	大学
대학생	大学生
더럽다	汚い
덥다	暑い
데우다	温める
-도	～も
도덕	道徳
도시락	弁当
독서	読書
독일	ドイツ
돈	お金
돌아가시다	亡くなる
돕다	助ける、手伝う
동대문시장	トンデムン（東大門）市場
동생	弟・妹
돼지	豚
돼지띠	亥年（いどし）
되다	なる
된장	味噌
두	2つの～
두다	置く
두통	頭痛
둘	2つ
뒤	後ろ、後
드라마	ドラマ
드럼	ドラム
드시다	召し上がる
듣기	リスニング
듣다	聞く
들다	持つ
들르다	寄る
들어가다	入る
등	背中
등산	山登り、登山
디자인	デザイン
디저트	デザート
따끈하다	熱々だ
따님	娘さん、お嬢さん
따뜻하다	暖かい
딱	ちょうど
딸	娘
딸기	イチゴ
땅	土地
떡	餅
떡볶이	トッポキ
또	また
뛰다	走る
띄다	目立つ
-띠	～年（どし）
ㄹ	
라디오	ラジオ
라면	ラーメン
-라서	～なので
러시아	ロシア
-로	～で、～へ
륙색	リュック
-를	～を
리포트	レポート
ㅁ	
-마리	～匹、～頭、～羽
마시다	飲む
마음	心
마찬가지	同じ
막걸리	マッコリ
만	1万
만나다	会う

만년필	万年筆
만두	ギョウザ
만들다	作る
많다	多い
많이	たくさん
말띠	午年（うまどし）
말씀	言葉
말씀하시다	おっしゃる
맑다	晴れる
맑음	晴れ
맛없다	まずい
맛있다	おいしい
매년	毎年
매우	とても
매일	毎日
맥주	ビール
맵다	辛い
머리	頭
먹다	食べる
멀다	遠い
멋대로	勝手に
멋있다	かっこいい、素敵だ
멋쟁이	おしゃれな人
메뉴	メニュー
메다	背負う
메일	メール
며칠	何日
-명	～人、～名
명동	ミョンドン（明洞）
몇	何～、いくつ
몇 시	何時
몇 월	何月
모두	みんなで
모레	あさって
모르다	知らない、わからない

모임	会合
모자	帽子
목	首、のど
목걸이	ネックレス
목요일	木曜日
목욕탕	銭湯、風呂場
몸	体
무	ダイコン
무겁다	重い
무궁화	ムクゲ
무릎	膝
무리	無理
무슨	何の、どんな
무엇	何
무지개	虹
묵다	泊まる
문법	文法
묻다	尋ねる
물	水
뭐	何（を）
뭘	何を
뮤지컬	ミュージカル
미국	アメリカ
미술	美術
미술관	美術館
믿다	信じる
밑반찬	常備菜
ㅂ	
바나나	バナナ
바꾸다	変える
바뀌다	変わる
바다	海
바둑	囲碁
바람	風
바쁘다	忙しい

바이올린	バイオリン
바지	ズボン
박물관	博物館
밖	外
반	半
반지	指輪
발	足
발가락	足の指
발음	発音
밝다	明るい
밤	夜
밤늦게	夜遅く
밥	ご飯
방	部屋
방학	(学校の長期)休み
밭	畑
배	おなか、腹
배	梨
배	船
배구	バレーボール
배우	俳優
배우다	習う、学ぶ
배추	白菜
백	百
백화점	デパート、百貨店
뱀띠	巳年(みどし)
버섯	キノコ
번	～度、～回、～番
벗다	脱ぐ
벚꽃	桜
변호사	弁護士
별	星
별로	あまり
-병	～本
병원	病院

보라	紫
보통	普段
복습	復習
봄	春
부르다	歌う、呼ぶ、満腹だ
부모님	ご両親
부부	夫婦
부산	プサン(釜山)
부엌	台所
부침개	チジミ
-부터	～から
분	方(かた)
분지	盆地
불고기	焼き肉
불다	吹く
붙다	貼る
비	雨
비누	せっけん
비빔밥	ビビンバ
비스킷	ビスケット
비싸다	(値段が)高い
비행기	飛行機
빨강	赤
빵	パン
빵집	パン屋
뽀뽀	チュー、キス
ㅅ	
사	四
사과	リンゴ
사다	買う
사람	人、～人、～名
사랑하다	愛する
사월	4月
사이다	サイダー
사자	ライオン

사장님	社長
사전	辞典
사진	写真
사촌	いとこ
사탕	飴
사회	社会
산	山
산책	散歩
-살	～歳
살다	住む、暮らす、生きる
살을 빼다	痩せる
삶	生
삼	三
삼계탕	サムゲタン
삼월	3月
상	賞
상추	サンチュ
상쾌하다	爽やかだ
샐러드	サラダ
생맥주	生ビール
생수	ミネラルウォーター
생신	お誕生日
생일	誕生日
샤워	シャワー
샴푸	シャンプー
서울	ソウル
서울역	ソウル駅
서점	書店
선글라스	サングラス
선물	プレゼント、おみやげ
선생님	先生
선수	選手
선풍기	扇風機
설탕	砂糖
섬	島

성함	お名前
세	3つの
세다	数える
세다	強い
세종	セジョン（世宗）
세탁기	洗濯機
셋	3つ
소금	塩
소나기	にわか雨
소나무	松の木
소띠	丑年（うしどし）
소설	小説
소주	焼酎
소파	ソファ
속담	ことわざ
속옷	下着
손	手
손가락	指
손님	お客さん
손발	手足
손수건	ハンカチ
수건	タオル
수박	スイカ
수영	水泳
수요일	水曜日
수첩	手帳
수프	スープ
수학	数学
숙제	宿題
숟가락	匙、スプーン
술	酒
술집	飲み屋、居酒屋
숲	森
쉬다	休む
쉽다	易しい

슈퍼(마켓)	スーパー（マーケット）
스태프	スタッフ
스파게티	スパゲッティ
스포츠	スポーツ
슬리퍼	スリッパ
슬픔	悲しみ
습기	湿気
시	詩
-시	～時
시간	時間
시계	時計
시다	酸っぱい
시디	CD
시원하다	涼しい
시월	10月
시작하다	始める
시장	市場
식당	食堂
식사하다	食事する
신문	新聞
신발	靴
싣다	載せる
싫다	嫌だ
싫어하다	嫌いだ
십	十
십이월	12月
십일월	11月
싸다	安い
쓰다	書く、使う
쓰레기	ゴミ
-씨	～さん
씻다	洗う
ㅇ	
아까	さっき
아내	妻

아뇨	いいえ
아들	息子
아래	下
아름답다	美しい
아마도	多分
아버님	お父様
아버지	お父さん、父
아빠	パパ、お父さん
아우	弟
아이	子ども
아주	とても
아침	朝、朝ごはん
아홉	9つ（の）
악어	ワニ
안	中、内
안경	メガネ
안주	おつまみ
안팎	内外
앉다	座る
알다	知る、わかる
앞	前
앞뒤	前後
애	子ども
야구	野球
야채	野菜
약	薬
약국	薬局
약사	薬剤師
약속	約束
양념치킨	ヤンニョムチキン
양띠	未年（ひつじどし）
양말	靴下
양복	スーツ
양파	タマネギ
양주	ウィスキー

어깨	肩
어느	ある、どの
어느 것	どれ
어디	どこ
어디서	どこで
어때요?	いかがですか
어떻게	どうやって
어렵다	難しい
어리다	幼い
어린이	子ども
어머니	お母さん、母
어머님	お母様
어울리다	似合う
어제	昨日
억	億
언니	(妹から見て) 姉
언제	いつ
언제나	いつも
얼굴	顔
얼룩말	シマウマ
얼마	いくら
얼음	氷
엄마	ママ、お母さん
없다	ない、いない
-에	～に
-에게	(人)～に
-에서	～で、～から
에어컨	エアコン
에이	A
-엔	～円
-엔	～には
여기	ここ
여덟	8つ (の)
여동생	妹
여러가지	いろいろ (な)

여름	夏
여섯	6つ (の)
여우	キツネ
여유	余裕
여자	女性
여친(←여자친구)	彼女
여행	旅行
역	駅
연극	演劇
연락하다	連絡する
연습	練習
연필	鉛筆
열	10(とお)(の)
열다	開ける
열쇠	鍵
열심히	一生懸命
영	ゼロ
영국	イギリス
영어	英語
영화	映画
영화감상	映画鑑賞
영화관	映画館
옆	横
예	はい
예매하다	前売り券を買う
예쁘다	きれいだ、かわいい
예습	予習
예약하다	予約する
오	五
오늘	今日
오다	来る
오빠	(妹から見て) 兄
오스트레일리아	オーストラリア
오월	5月
오이	きゅうり

오전	午前
오토바이	オートバイ
오후	午後
올해	今年
옷	服
왜	なぜ、どうして
외국	外国
외국어	外国語
요리	料理
요즘	近頃、この頃
욕하다	悪口を言う
용돈	小遣い
용띠	辰年（たつどし）
우리	わたしたち、僕たち
우리나라	わが国
우산	傘
우유	牛乳
우체국	郵便局
운동하다	運動する
울다	泣く
울산	ウルサン（蔚山）
웃다	笑う
원	～ウォン（韓国の通貨）
원숭이띠	申年（さるどし）
-월	～月
월요일	月曜日
웨이터	ウェイター
위	上
유럽	ヨーロッパ
유월	6月
유학	留学
유학생	留学生
육	六
-으로	～で、～へ
-은	～は
은행	銀行
을	～を
음식	料理
음악	音楽
음악감상	音楽鑑賞
-의	～の
의사	医者
이	2
이	歯
이	この
이	～が
이것	これ
이기다	勝つ
이름	名前
이따가	あとで
이마	額（ひたい）
이번 주	今週
이불	布団
이야기	話
이월	2月
이제	もう
인도	インド
인삼	朝鮮人参
인천	インチョン（仁川）
일	一
일곱	7つ（の）
일본	日本
일어나다	起きる
일요일	日曜日
일월	1月
일찍	早く
일하다	働く
읽다	読む
입	口
입다	着る

입술	唇
있다	ある、いる
ㅈ	
자꾸	しきりに
자동차	自動車
-자루	～本
자전거	自転車
자주	よく
작년	昨年
작다	小さい
잔디밭	芝生
잘못	間違い
잠	睡眠
잠깐만	しばらく
잠옷	パジャマ
잡다	取る、つかむ
잡수시다	召し上がる
잡지	雑誌
잡채	チャプチェ
-장	～枚
장기	将棋
장래	将来
장마	梅雨
장미	バラ
장미꽃	バラの花
장소	場所
재미없다	面白くない
재미있다	面白い
저	私（わたくし）
저	あの
저것	あれ
저기	あそこ
저녁	夕方、夕ご飯
저분	あの方
적다	少ない
전철	電車
전화	電話
절	お寺
점심	昼ご飯
점퍼	ジャンパー
젓가락	箸
정말	本当
정신	精神
정하다	決める
제	私の
제주도	チェジュド（済州島）
조개	貝
조금씩	少しずつ
조용하다	静かだ
좀	ちょっと
좋다	よい、いい
좋아하다	好きだ
주말	週末
주무시다	お休みになる
주문하다	注文する
주부	主婦
주스	ジュース
주전자	やかん
주차	駐車
주황	橙色（だいだいいろ）
죽다	死ぬ
줄	線、列
중국	中国
쥐띠	子年（ねどし）
즐기다	楽しむ
지나다	過ぎる
지난주	先週
지다	負ける
지우개	消しゴム
지진	地震

지짐이	チジミ
지하철	地下鉄
짐	荷物
집	家、店
짓다	建てる
짜다	しょっぱい
짜장면	(韓国風)ジャージャーメン
짧다	短い
-쯤	～くらい
찌개	鍋料理
찍다	撮る
ㅊ	
참기름	ごま油
참외	マクワウリ
창문	窓
찾다	探す
채소	野菜
책	本
책상	机
처음	初めて、始め
천	千
청바지	ジーパン
청소기	掃除機
청소하다	掃除する
청주	日本酒
첼로	チェロ
초록	緑
추다	踊る
축구	サッカー
춤	踊り
춥다	寒い
취미	趣味
취직하다	就職する
-층	～階
치다	弾く
치마	スカート
치마저고리	チマチョゴリ(韓服)
치약	歯磨き粉
치킨	チキン
친구	友だち
칠	七
칠월	7月
칠하다	塗る
침대	ベッド
칫솔	歯ブラシ
ㅋ	
카메라	カメラ
카레라이스	カレーライス
카탈로그	カタログ
카페	カフェ
칼국수	カルグクス
캐나다	カナダ
커피	コーヒー
컴퓨터	コンピューター
케이크	ケーキ
켜다	つける(電気など)
코	鼻
코끼리	象
코뿔소	サイ
코코아	ココア
콜라	コーラ
쿠키	クッキー
크기	大きさ、サイズ
크다	大きい
클래식	クラシック
키	身長
ㅌ	
타다	乗る
탁구	卓球
탕수육	酢豚

태풍	台風
택시	タクシー
탤런트	タレント
텔레비전	テレビ
토마토	トマト
토요일	土曜日
토끼	ウサギ
토끼띠	卯年（うどし）
통하다	通じる
ㅍ	
파	ネギ
파랑	青
팔	八
팔월	8月
팝송	ポップス
편의점	コンビニ
편지	手紙
편하다	楽だ
포도	ブドウ
표	チケット
풀	糊
풀다	解く
프라이팬	フライパン
프랑스	フランス
피다	咲く
피우다	吸う
필통	筆箱
ㅎ	
-하고	～と
하나	1つ
하늘	空
하다	する
하루	1日
하마	カバ
학년	学年、～年生
학생	学生、生徒
한	1つの
한강	ハンガン（漢江）
한국	韓国
한국어	韓国語
한글	ハングル
한번	一度
한복	韓服
한잔	一杯
한정식	韓定食
할머니	おばあさん、祖母
할아버지	おじいさん、祖父
해	太陽
해바라기	ヒマワリ
핸드백	ハンドバッグ
햄버거	ハンバーガー
햄버그	ハンバーグ
행복하다	幸せだ
허리	腰
형	（弟から見て）兄
호랑이	トラ
호랑이띠	寅年（とらどし）
호텔	ホテル
홍차	紅茶
화요일	火曜日
화장실	トイレ
화장품	化粧品
회사원	会社員
회의	会議
후배	後輩
휴대폰	携帯電話
흐르다	流れる
흐림	曇り
힘들다	大変だ

文法項目索引

-(으)ㄹ 거예요(?)	～（する）つもりです（か）、～と思います	22
-(으)ㄹ게요	～（し）ます、～（し）ますね	24
-(으)ㄹ까요?	～（し）ましょうか、～でしょうか	10
-(으)ㄹ래요(?)	～（し）ましょう（か）、するつもりです	23
-(으)ㄹ 수 없어요(?)	～（する）ことができません（か）	9
-(으)ㄹ 수 있어요(?)	～（する）ことができます（か）	9
-(으)러	～（し）に	32
-(으)면	～（すれ）ば、～（し）たら	27
-(으)면서	～（し）ながら、～なのに	28
-(으)세요(?)	～なさいます（か）、～でいらっしゃいます（か）、～てください	21
-(이)네요	～ですね	7
-이 아니에요(?)	～ではありません（?）	2
-이 아닙니까?	～ではありませんか	1
-이 아닙니다	～ではありません	1
-이어서	～なので	20
-이에요(?)	～です（か）	2
-입니까?	～ですか	1
-입니다	～です	1
있습니까?	ありますか・いますか	3
있습니다	あります・います	3
있어요(?)	あります（か）・います（か）	4
ㅈ		
존경어(尊敬語)		25
-죠(?)	～しましょう（か）、～でしょう（か）、～ますね、～ですね	18
-지 마세요	～（し）ないでください	38
-지 마십시오	～（なさら）ないでください	38
-지만	～けど、～が	29

第1部・第2部　解答

第1部

《練習1》

（1）발음[바름（パルム）]（発音）（2）목요일[모교일（モギョイル）]（木曜日）（3）눈이[누니（ヌニ）]（目が）（4）집은[지븐（チブン）]（家は）（5）밥을[바블（パブル）]（ご飯を）（6）살아요[사라요（サラヨ）]（住みます）

《練習2》

（1）밭이[바치（パチ）]（畑が）　（2）끝이[끄치（ックチ）]（終わりが）

（3）해돋이 [해도지（ヘドジ）]（日の出）　（4）맏이[마지（マジ）]（長男・長女）

《練習3》

（1）전화[저놔（チョヌヮ）]（電話）　（2）김해[기매（キメ）]（金海）

（3）많이[마니（マニ）]（たくさん）　（4）괜찮아요[괜차나요（クェンチャナヨ）]（大丈夫です）

《練習4》

（1）연락[열락（ヨルラク）]（連絡）　（2）원래[월래（ウォルレ）]（元来）

（3）전라도 [절라도（チョルラド）]（全羅道）　（4）일년 [일련（イルリョン）]（1年）

《練習5》

（1）탁구[탁꾸（タックク）]（卓球）　（2）닫다[닫따（タッッタ）]（閉める）

（3）답장[답짱（タプッチャン）]（返事）　（4）입다[입따（イプッタ）]（着る）

《練習6》

（1）축하[추카（チュカ）]（祝賀）　（2）집합[지팝（チパプ）]（集合）

（3）놓다[노타（ノタ）]（置く）　（4）파랗고[파라코（パラコ）]（青くて）

《練習7》

①（1）남녘[남녁（ナムニョク）]（南側）（2）밖[박（パク）]（外）

《練習8》

②（1）붓[붇（プッ）]（筆）（2）밑[믿（ミッ）]（下）（3）꽃[꼳（ッコッ）]（花）（4）빛[빋（ピッ）]（光）

《練習9》

③（1）앞[압（アプ）]（前）（2）숲[숩（スプ）]（森）

《練習10》

(1) 작문 [장문(チャンムン)] (作文)　(2) 국물 [궁물(クンムル)] (汁物)

(3) 앞날 [암날(アムナル)] (将来)　(4) 닫는 [단는(タンヌン)] (閉める…)

第2部

1

練習 1

例 김치 (キムチ)	김치입니까? (キムチですか)	김치입니다 (キムチです)	김치가 아닙니다 (キムチではありません)
신문 (新聞)	신문입니까? (新聞ですか)	신문입니다 (新聞です)	신문이 아닙니다 (新聞ではありません)
잡지 (雑誌)	잡지입니까? (雑誌ですか)	잡지입니다 (雑誌です)	잡지가 아닙니다 (雑誌ではありません)
노래 (歌)	노래입니까? (歌ですか)	노래입니다 (歌です)	노래가 아닙니다 (歌ではありません)
오늘 (今日)	오늘입니까? (今日ですか)	오늘입니다 (今日です)	오늘이 아닙니다 (今日ではありません)

練習 2

(1) 誕生日は土曜日ですか。(2) これはビビンバです。(3) あそこが南大門市場ですか。(4) それは韓国ドラマではありませんか。

練習 3

(1) 오늘은 생일입니다.(2) 그것은 떡볶이입니까?(3) 저기가 남산입니까?(4) 이것은 오이김치가 아닙니다.

2

練習 1

例 김치 (キムチ)	김치예요 (キムチです)	김치가 아니에요 (キムチではありません)
신문 (新聞)	신문이에요 (新聞です)	신문이 아니에요 (新聞ではありません)

잡지 (雑誌) ＋?	잡지예요? (雑誌ですか)	잡지가 아니에요? (雑誌ではありませんか)
노래 (歌)	노래예요 (歌です)	노래가 아니에요 (歌ではありません)
오늘 (今日) ＋?	오늘이에요? (今日ですか)	오늘이 아니에요? (今日ではありませんか)
떡볶이 (トッポキ)	떡볶이예요 (トッポキです)	떡볶이가 아니에요 (トッポキではありません)

練習 2

(**1**) 誕生日は今日ですか。(**2**) それはチャプチェです。(**3**) ここがうちの会社です。(**4**) これは韓国のドラマではありませんか。

練習 3

(**1**) 내일은 생일이에요. (**2**) 그것은 김밥이에요? (**3**) 저기가 한강이에요? (**4**) 이것은 라면이 아니에요.

3

練習 1

例 김치 (キムチ)	김치가 있습니다/없습니다 (キムチがあります/ありません)
신문 (新聞) ＋?	신문이 있습니까?/없습니까? (新聞がありますか/ありませんか)
언니 (姉)	언니가 있습니다/없습니다 (姉がいます/いません)
노래 (歌)	노래가 있습니다/없습니다 (歌があります/ありません)
강아지 (子犬) ＋?	강아지가 있습니까?/없습니까? (子犬がいますか/いませんか)
비빔밥 (ビビンバ)	비빔밥이 있습니다/없습니다 (ビビンバがあります/ありません)

練習 2

（1）キムチがありますか。（2）ここにビビンバがあります。（3）バナナ牛乳はありませんか。（4）今日は約束がありません。

練習 3

（1）오후에 시간이 있습니까？（2）저기에 백화점이 있습니다．（3）주스는 없습니까？（4）오늘 숙제는 없습니다．

4

練習 1

例 김치（キムチ）	김치가 있어요/없어요（キムチがあります/ありません）
잡지（雑誌）	잡지가 있어요/없어요（雑誌があります/ありません）
빵（パン）＋？	빵이 있어요?/없어요?（パンがありますか/ありませんか）
오빠（兄）	오빠가 있어요/없어요（兄がいます/いません）
시간（時間）＋？	시간이 있어요?/없어요?（時間がありますか/ありませんか）
누나（姉）＋？	누나가 있어요?/없어요?（姉がいますか/いませんか）

練習 2

（1）今晩、約束がありますか。（2）妹と弟がいます。（3）サイダーとコーラはありませんか。（4）日曜日に授業はありません。

練習 3

（1）오후에 회의가 있어요？（2）한국어 책이 있어요．（3）여기에 그림책은 없어요？（4）저기에 노래방은 없어요．

5

練習 1

例 가다 (行く)	갑니까?(行きますか)	갑니다 (行きます)
오다 (来る)	옵니까?(来ますか)	옵니다 (来ます)
빠르다 (速い)	빠릅니까?(速いですか)	빠릅니다 (速いです)
공부하다(勉強する)	공부합니까?(勉強しますか)	공부합니다 (勉強します)
묵다 (泊まる)	묵습니까?(泊まりますか)	묵습니다 (泊まります)
읽다 (読む)	읽습니까?(読みますか)	읽습니다 (読みます)

練習 2

(**1**) 今日は図書館で勉強します。(**2**) 電車がタクシーより早いです。(**3**) 明日は何ホテルに泊まりますか。(**4**) このカルビはおいしいです。

練習 3

①아침에 무엇을 먹습니까? ②지금 날씨가 좋습니까? ③이 공원은 조용합니다. ④요즘 어떤 책을 읽습니까?

6

練習 1

例 가다 (行く)	가고 싶어요 (行きたいです)	가고 싶어 해요 (行きたがっています)
호텔에 묵다 (ホテルに泊まる)	호텔에 묵고 싶어요 (ホテルに泊まりたいです)	호텔에 묵고 싶어 해요 (ホテルに泊まりたがっています)
밖에서 놀다 (外で遊ぶ) + ?	밖에서 놀고 싶어요? (外で遊びたいですか)	밖에서 놀고 싶어 해요? (外で遊びたがっていますか)
집에서 공부하다 (家で勉強する)	집에서 공부하고 싶어요 (家で勉強したいです)	집에서 공부하고 싶어 해요 (家で勉強したがっています)
내용을 알다 (内容を知る)	내용을 알고 싶어요 (内容を知りたいです)	내용을 알고 싶어 해요 (内容を知りたがっています)
상을 받다 (賞をもらう) + ?	상을 받고 싶어요? (賞をもらいたいですか)	상을 받고 싶어 해요? (賞をもらいたがっていますか)

練習 2

(1)友だちに会いたいです。(2)歌を歌いたいです。(3)弟・妹は何をしたがっていますか。(4)アメリカで勉強したがっています。

練習 3

(1) 오늘은 어디에 가고 싶어요? (2) 점심에 비빔밥을 먹고 싶어요. (3) 피아노를 치고 싶어요. (4) 공원에서 놀고 싶어 해요.

7

練習 1

例 음식이 짜다 (料理がしょっぱい)	음식이 짜네요 (料理がしょっぱいですね)
돈을 받다 (お金をもらう)	돈을 받네요 (お金をもらいますね)
편지를 쓰다 (手紙を書く)	편지를 쓰네요 (手紙を書きますね)
문제가 어렵다 (問題が難しい)	문제가 어렵네요 (問題が難しいですね)
전주 비빔밥 (チョンジュビビンバ)	전주비빔밥이네요 (チョンジュビビンバですね)

練習 2

(1)この服はちょっと高いですね。(2)海の景色がとてもいいですね。(3)毎日、一生懸命勉強しますね。(4)ハングルを上手に書きますね。

練習 3

(1) 이 갈비는 맛있네요. (2) 오늘은 비가 많이 오네요. (3) 이 장미는 예쁘네요. (4) 여기는 택시가 많네요.

8

練習 1

例 눈이 오다 (雪が降る)	눈이 오고 있어요 (雪が降っています)
공부를 하다 (勉強をする)	공부를 하고 있어요 (勉強をしています)
술을 마시다 (お酒を飲む) + ?	술을 마시고 있어요 ? (お酒を飲んでいますか)
서울에 살다 (ソウルに住む)	서울에 살고 있어요 (ソウルに住んでいます)
점심을 먹다 (昼ご飯を食べる)	점심을 먹고 있어요 (昼ご飯を食べています)
열쇠를 찾다 (鍵を探す) + ?	열쇠를 찾고 있어요 ?(鍵を探していますか)
치마를 입다 (スカートをはく)	치마를 입고 있어요 (スカートをはいています)

練習 2

(1) 今、大学に通っていますか。(2) タッカルビを作っています。(3) ドラマを見ています。(4) 昼寝をしています。

練習 3

(1) 지금 뭘 먹고 있어요 ? (2) 라디오를 듣고 있어요 . (3) 공원에서 걷고 있어요 . (4) 어떤 책을 읽고 있어요 ?

9

練習1

例 서울에 가다 (ソウルに行く)	서울에 갈 수 있어요/없어요 (ソウルに行くことができます/できません)
내일 만나다 (明日、会う)	내일 만날 수 있어요/없어요 (明日、会うことができます/できません)
피아노를 치다 (ピアノを弾く)	피아노를 칠 수 있어요/없어요 (ピアノを弾くことができます/できません)
노래를 부르다 (歌を歌う) + ?	노래를 부를 수 있어요 ?/없어요 ? (歌を歌うことができますか/できませんか)
김치를 먹다 (キムチを食べる)	김치를 먹을 수 있어요/없어요 (キムチを食べることができます/できません)

친구를 믿다 (友だちを信じる)	친구를 믿을 수 있어요/없어요 (友だちを信じることができます/できません)
한글을 읽다 (ハングルを読む)	한글을 읽을 수 있어요/없어요 (ハングルを読むことができます/できません)

練習 2

(1) 朝、早く起きることができますか。(2) 今、バスに乗ることができます。(3) 果物を洗うことができますか。(4) 韓国の歌を歌うことができません。

練習 3

(1) 편의점에서 살 수 있어요. (2) 한자를 쓸 수 있어요? (3) 벤치에 앉을 수 없어요? (4) 그녀를 잊을 수 없어요.

10

練習 1

例 책을 읽다 (本を読む)	책을 읽을까요?(本を読みましょうか)
여기서 내리다 (ここで降りる)	여기서 내릴까요?(ここで降りましょうか)
점심을 먹다 (昼ご飯を食べる)	점심을 먹을까요?(昼ご飯を食べましょうか)
例 날씨가 좋다 (天気がいい)	날씨가 좋을까요?(天気がいいでしょうか)
방이 밝다 (部屋が明るい)	방이 밝을까요?(部屋が明るいでしょうか)
불고기가 맛있다 (焼き肉がおいしい)	불고기가 맛있을까요?(焼き肉がおいしいでしょうか)
교실이 조용하다 (教室が静かだ)	교실이 조용할까요?(教室が静かでしょうか)

練習 2

(1) 映画が面白いでしょうか。(2) 会議に遅れるでしょうか。(3) 部屋が狭いでしょうか。(4) 今日は行かないでしょうか。

練習 3

(**1**) 점심을 먹을까요? (**2**) 오늘은 일찍 잘까요? (**3**) 김치가 맛있을까요? (**4**) 같이 기다릴까요?

11

練習 1

例 소파에 앉다 (ソファに座る)	소파에 앉아 있어요 (ソファに座っています)
시간이 남다 (時間が残る)	시간이 남아 있어요 (時間が残っています)
설탕이 녹다 (砂糖が溶ける)	설탕이 녹아 있어요 (砂糖が溶けています)
먼지가 묻다 (ほこりがつく) + ?	먼지가 묻어 있어요?(ほこりがついていますか)
열쇠가 놓이다 (鍵が置かれる)	열쇠가 놓여 있어요 (鍵が置かれています)
불이 꺼지다 (火が消える) + ?	불이 꺼져 있어요?(火が消えていますか)

練習 2

(**1**) 去年からアメリカに行っています。(**2**) まだ、時間がちょっと残っています。(**3**) ケーキが置いてあります。(**4**) 電気がついていますか。

練習 3

(**1**) 지금 서울에 와 있어요. (**2**) 꽃이 피어 있어요. (**3**) 벤치에 앉아 있어요. (**4**) 창문이 닫혀 있어요?

12

練習 1

例 날씨가 좋다 (天気がよい)	날씨가 좋아요 (天気がよいです)
일본에서 살다 (日本で暮らす)	일본에서 살아요 (日本で暮らします)
숙제가 많다 (宿題が多い)	숙제가 많아요 (宿題が多いです)
키가 작다 (背が低い) + ?	키가 작아요?(背が低いですか)

매일 먹다 (毎日、食べる)	매일 먹어요 (毎日、食べます)
양이 적다 (量が少ない) + ?	양이 적어요 ? (量が少ないですか)
모자를 벗다 (帽子を脱ぐ)	모자를 벗어요 (帽子を脱ぎます)

練習 2

(**1**) 今日は宿題が多いです。(**2**) 手をよく洗います。(**3**) 公園で遊びます。(**4**) 眼鏡を外します。

練習 3

(**1**) 아침을 먹어요 . (**2**) 책이 적어요 . (**3**) 방이 밝아요 . (**4**) 크기가 작아요 .

13

練習 1

例 매일 공부하다 (毎日、勉強する)	매일 공부해요/했어요 (毎日、勉強します/しました)
자주 전화하다 (よく電話する)	자주 전화해요/했어요 (よく電話します/しました)
집에서 일하다 (家で働く) + ?	집에서 일해요?/했어요? (家で働きますか/働きましたか)
창문이 깨끗하다 (窓がきれいだ)	창문이 깨끗해요/했어요 (窓がきれいです/きれいでした)
정말 미안하다 (本当にすまない)	정말 미안해요/미안했어요 (本当にすみません/すみませんでした)
늘 행복하다 (いつも幸せだ)	늘 행복해요/행복했어요 (いつも幸せです/幸せでした)

練習 2

(**1**) 友だちに連絡しました。(**2**) 午後に電話しましょう! (**3**) ホテルの部屋がきれいでしたか。(**4**) 毎朝、散歩します。

練習3

(1) 오늘은 공원이 조용해요. (2) 매일 방을 청소해요? (3) 한국어를 열심히 공부했어요. (4) 날씨가 따뜻해요.

14

練習1

例 슈퍼에 가다 (スーパーに行く)	슈퍼에 가요/갔어요 (スーパーに行きます/行きました)
일찍 자다 (早く寝る)	일찍 자요/잤어요 (早く寝ます/寝ました)
강을 건너다 (川を渡る) ＋?	강을 건너요?/건넜어요? (川を渡りますか/渡りましたか)
역 앞에 서다 (駅前に停まる)	역 앞에 서요/섰어요 (駅前に停まります/停まりました)
꿈을 펴다 (夢をかなえる)	꿈을 펴요/폈어요 (夢をかなえます/かなえました)
넥타이를 매다 (ネクタイを締める)	넥타이를 매요/맸어요 (ネクタイを締めます/締めました)
팁을 건네다 (チップを渡す) ＋?	팁을 건네요?/건넸어요? (チップを渡しますか/渡しましたか)

練習2

(1) 手足が冷たかったです。(2) 電気をつけましたか。
(3) 布団を畳みましたか。(4) リュックを背負います。

練習3

(1) 어제는 일찍 잤어요. (2) 다리를 건너요. (3) 남동생은 힘이 세요.
(4) 길이를 쟀어요.

15

練習1

例 도쿄에 오다 (東京に来る)	도쿄에 와요 (東京に来ます)
신문을 보다 (新聞を読む)	신문을 봐요 (新聞を読みます)

국을 데우다 (スープを温める)	국을 데워요 (スープを温めます)
대학에 다니다 (大学に通う)	대학에 다녀요 (大学に通います)
사장이 되다 (社長になる) + ?	사장이 돼요?(社長になりますか)
가슴이 뛰 다 (胸が躍る)	가슴이 뛰어요 (胸が躍ります)
약속이 바뀌다 (約束が変わる)	약속이 바뀌어요 (約束が変わります)
눈에 띄다 (目立つ)	눈에 띄어요 (目立ちます)

練習 2

(1) 昨日、映画を見ました。(2) 最近、ヨーガを習っています。(3) マッコリを飲みましたか。(4) 今日の午後はちょっと走りましょう!

練習 3

(1) 내일 회사에 와요. (2) 어제 술을 마셨어요? (3) 내년에 사장이 돼요. (4) 토요일에는 쉬어요.

16

練習 1

例 회사에 가다 (会社に行く)	회사에 안 가요/가지 않아요 (会社に行きません)
점심을 먹다 (昼ご飯を食べる)	점심을 안 먹어요/먹지 않아요 (昼ご飯を食べません)
밖에서 놀다 (外で遊ぶ)	밖에서 안 놀아요/놀지 않아요 (外で遊びません)
값이 비싸다 (値段が高い)	값이 안 비싸요/비싸지 않아요 (値段が高くありません)
집이 작다 (家が小さい) + ?	집이 안 작아요?/작지 않아요? (家が小さくありませんか)
방이 깨끗하다 (部屋がきれいだ)	방이 안 깨끗해요/깨끗하지 않아요 (部屋がきれいでありません)
자주 연락하다 (よく連絡する) + ?	자주 연락 안 해요?/연락하지 않아요? (あまり連絡しませんか)

練習 2

（1）今日は友だちに会いません。（2）まだ、昼ご飯を食べていません。（3）まだ宿題をやっていませんか。（4）公園があまりきれいではありません。

練習 3

（1）내일은 학교에 안 가요？（2）오늘은 청소 안 해요.（3）날씨가 좋지 않아요？（4）카페가 조용하지 않아요.

17

練習 1

例 밥을 먹다（ご飯を食べる）	밥을 못 먹어요/먹지 못해요 （ご飯が食べられません）
공원에 가다（公園に行く）＋？	공원에 못 가요?/가지 못해요？ （公園に行けませんか）
드라마를 보다（ドラマを見る）	드라마를 못 봐요/보지 못해요 （ドラマを見られません）
머리를 감다（髪を洗う）	머리를 못 감아요/감지 못해요 （髪を洗えません）
창문을 닫다（窓を閉める）＋？	창문을 못 닫아요?/닫지 못해요？ （窓を閉められませんか）
집을 계약하다（家を契約する）	집을 계약 못 해요/계약하지 못해요 （家を契約できません）

練習 2

（1）今日は友だちに会えません。（2）まだ、昼ご飯を食べられませんでした。（3）宿題がまだ、できませんでしたか。（4）後輩に連絡できませんでした。

練習 3

（1）내일은 학교에 못 가요.（2）오늘은 청소 못 해요.（3）연극 표를 예약하지 못했어요.（4）아직 날짜를 정하지 못했어요.

18

練習 1

例 비가 오다 + ? （雨が降る）	비가 오죠 ?/ 왔죠 ? （雨が降るでしょう ?/ 降ったでしょう ?）
점심을 먹다 + ? （昼ご飯を食べる）	점심을 먹죠 ?/ 먹었죠 ? （昼ご飯を食べるでしょう ? / 食べたでしょう ?）
한강이 넓다 + ! （漢江が広い）	한강이 넓죠 ! / 넓었죠 ! （漢江が広いでしょ ! / 広かったでしょ !）
교실이 조용하다 + ? （教室が静かだ）	교실이 조용하죠 ? / 조용했죠 ? （教室が静かでしょう ? / 静かだったでしょう ?）
동생이 군인이다 + ? （弟が軍人である）	동생이 군인이죠 ? / 군인이었죠 ? （弟が軍人でしょう ? / 軍人だったでしょう ?）
여행을 즐기다 + ! （旅行を楽しむ）	여행을 즐기죠 !/ 즐겼죠 ! （旅行を楽しみましょう ! / 楽しみましたよ !）
하늘이 맑다 + ? （空が晴れる）	하늘이 맑죠 ?/ 맑았죠 ? （空が晴れているでしょう ? / 晴れていたでしょう ?）

練習 2

（1）午後、いっしょにデパートに行きましょう。（2）月日が本当に早いですね。（3）昨日は会社の仕事が忙しかったでしょうね?（4）このお店の焼き肉はとてもおいしいですよ。

練習 3

（1）어제가 생일이었죠 ?（2）점심은 짬뽕을 먹죠 !（3）같이 서울에 가죠 !（4）오늘은 날씨가 따뜻하죠 ?

19

練習 1

例 비가 오다 (雨が降る)	비가 오니까 (雨が降るから)
피망을 싫어하다 (ピーマンが嫌いだ)	피망을 싫어하니까 (ピーマンが嫌いなので)
방이 따뜻하다 (部屋が暖かい)	방이 따뜻하니까 (部屋が暖かいので)
형 은 의사다 (兄は医者だ)	형은 의사니까 (兄は医者なので)
아침에 일어나다 (朝、起きる)	아침에 일어나니까 (朝、起きると)
친구를 만나다 (友だちに会う)	친구를 만나니까 (友だちに会ったら)
책을 읽다 (本を読む)	책을 읽으니까 (本を読むと)

練習 2

(1) 今日は日曜日なので、お客さんが多いです。(2) カフェが静かなので、勉強しやすいです。(3) 渋滞するから地下鉄に乗りましょう。(4) 友だちに会ったら気分がよくなりました。

練習 3

(1) 꽃을 좋아하니까 선물해요. (2) 오늘은 바쁘니까 내일 가죠. (3) 매일 책을 읽으니까 실력이 늘었어요. (4) 내일 친구가 오니까 만나요.

20

練習 1

例 비가 오다 (雨が降る)	비가 와서 (雨が降って)
반찬이 맛있다 (おかずがおいしい)	반찬이 맛있어서 (おかずがおいしくて)
책을 읽다 (本を読む)	책을 읽어서 (本を読んで)
청소를 하다 (掃除をする)	청소를 해서 (掃除をして)
형 은 간호사다 (兄は看護師だ)	형은 간호사여서 (兄は看護師なので)

오늘은 토요일이다 (今日は土曜日だ)	오늘은 토요일이어서 (今日は土曜日なので)

練習 2

(1) 今日は秋夕なので、道路が混みます。(2) たくさん食べて、お腹がいっぱいです。(3) バスに乗り遅れて、遅刻しました。(4) オンドルが暖かくて、ぐっすり寝ました。

練習 3

(1) 갈비를 좋아해서 자주 먹어요. (2) 이 카페는 조용해서 아주 좋아해요. (3) 날씨가 상쾌해서 기분이 좋아요. (4) 교통이 편리해서 살기 좋아요.

21

練習 1

例 오늘 만나다 (今日、会う)	오늘 만나세요?(今日、お会いになりますか)
여기에 앉다 (ここに座る)	여기에 앉으세요 (ここにお座りください)
시간이 있다 (時間がある) + ?	시간이 있으세요?(時間がおありですか)
매일 청소하다 (毎日、掃除する)	매일 청소하세요 (毎日、掃除なさいますか)
날씨가 괜찮다 (天気がよい) + ?	날씨가 괜찮으세요?(天気がよろしいですか)
정말 기쁘다 (本当にうれしい) + ?	정말 기쁘세요?(本当にうれしいですか)

練習 2

(1) ここに名前と電話番号を書いてください。(2) 何新聞をお取りですか。(3) みなさん! 静かになさってください。(4) この服がちょっと大きいですか。

練習 3

(1) 선생님은 지금 식사하세요. (2) 내일 어머니가 오세요? (3) 오늘 오후는 바쁘세요? (4) 택시는 저기서 타세요.

22

練習 1

例 영화를 보다 (映画を見る)	영화를 볼 거예요 (映画を見るつもりです)
점심을 먹다 (昼ご飯を食べる)	점심을 먹을 거예요 (昼ご飯を食べるつもりです)
소설을 읽다 (小説を読む) +?	소설을 읽을 거예요?(小説を読むつもりですか)
오늘도 공부하다 (今日も勉強する)	오늘도 공부할 거예요 (今日も勉強するつもりです)
例 비가 오다 (雨が降る)	비가 올 거예요 (雨が降ると思います)
날씨가 좋다 (天気がいい)	날씨가 좋을 거예요 (天気がいいと思います)
여행을 가다 (旅行に行く)	여행을 갈 거예요 (旅行に行くと思います)

練習 2

(1) 来週は何するつもりですか。(2) タクシーに乗るつもりですか。(3) 会社は近いと思います。(4) デパートは、今日は休むと思います。

練習 3

(1) 학교에 일찍 갈 거예요. (2) 점심은 도시락을 먹을 거예요.
(3) 카페에서 여친을 만날 거예요. (4) 이옷은 좀 클 거예요.

23

練習 1

例 오늘 가다 (今日、行く) +?	오늘 갈래요?(今日、行きましょうか)
피아노를 치다 (ピアノを弾く) +?	피아노를 칠래요?(ピアノを弾きましょうか)
이 신문을 받다 (この新聞を取る) +?	이 신문을 받을래요?(この新聞を取りましょうか)
내일 만나다 (明日、会う)	내일 만날래요 (明日、会います)
이제 잊다 (もう忘れる)	이제 잊을래요 (もう忘れます)

안경을 벗다 (眼鏡を外す)	안경을 벗을래요 (眼鏡を外します)

練習 2

(1) 家で宿題をしましょうか。(2) 夕食をいっしょに食べましょうか。(3) 今日、散髪します。(4) 明日はこの服を着ます。

練習 3

(1) 이 가방을 살래요? (2) 이 책을 읽을래요? (3) 내일 친구를 만날래요. (4) 오늘 점심은 안 먹을래요.

24

練習 1

例 조금 쉬다 (ちょっと休む)	例 조금 쉴게요 (ちょっと休みます)
나중에 가다 (あとで行く)	나중에 갈게요 (あとで行きます)
빵을 먹다 (パンを食べる)	빵을 먹을게요 (パンを食べます)
例 내일 만나다 (明日、会う)	내일 만나겠습니다 (明日、会います)
메일을 보내다 (メールを送る)	메일을 보내겠습니다 (メールを送ります)
자동차에 싣다 (車に載せる)	자동차에 싣겠습니다 (車に載せます)
약속을 믿다 (約束を信じる)	약속을 믿겠습니다 (約束を信じます)

練習 2

(1) あとで、手紙を書きます。(2) 来月、ソウルに行きます。(3) 声に出して本を読みます。(4) きれいに掃除します。

練習 3

(1) 개찰구에서 기다릴게요. (2) 이 책을 읽을게요. (3) 잘못을 고치겠습니다. (4) 내일 연락하겠습니다.

25

練習 1

例 어디에 있다 (どこにいる) ＋?	어디에 계세요? (どこにいらっしゃいますか)
일찍 자다 (早く寝る)	일찍 주무세요 (早くお休みになります)
술을 마시다 (お酒を飲む) ＋?	술을 드세요? (お酒を召し上がりますか)
늘 말하다 (いつも言う)	늘 말씀하세요 (いつもおっしゃいます)
부모님이 있다 (両親がいる)	부모님이 계세요 (両親がいらっしゃいます)
지갑이 없다 (財布がない) ＋?	지갑이 없으세요? (財布がございませんか)

練習 2

(**1**) お酒はよく召し上がりますか。(**2**) 普段、何時にお休みになりますか。(**3**) 先生がおっしゃいました。(**4**) ご両親はソウルにいらっしゃいますか。

練習 3

(**1**) 몇 시에 주무세요? (**2**) 아침에는 무엇을 드세요? (**3**) 사전은 있으세요? (**4**) 선생님은 어디에 계세요?

26

練習 1

例 문을 닫다 (扉を閉める)	문을 닫아 주세요 (扉を閉めてください)
저기로 가다 (あそこへ行く)	저기로 가 주세요 (あそこへ行ってください)
구두를 닦다 (靴を磨く)	구두를 닦아 주세요 (靴を磨いてください)
문법을 가르치다 (文法を教える)	문법을 가르쳐 주세요 (文法を教えてください)
例 한번 만나다 (一度、会う)	한번 만나 보세요 (一度、会ってみてください)
빵을 만들다 (パンを作る)	빵을 만들어 보세요 (パンを作ってみてください)

피아노를 치다 (ピアノを弾く)	피아노를 쳐 보세요 (ピアノを弾いてみてください)
빨리 연락하다 (早く連絡する)	빨리 연락해 보세요 (早く連絡してみてください)

練習 2

(1) 本を探してください。(2) この書類を見てください。(3) 問題をちゃんと解いてみてください。(4) ご両親と旅行に行ってみてください。

練習 3

(1) 여기서 기다려 주세요. (2) 창문을 닦아 주세요. (3) 부산에도 한 번 와 보세요. (4) 템플스테이도 해 보세요.

27

練習 1

例 학교에 가다 (学校に行く)	학교에 가면/갔으면 (学校に行けば/行っていたら)
술이 싫다 (酒が嫌いだ)	술이 싫으면/싫었으면 (酒が嫌いなら/嫌いだったら)
안경을 벗다 (眼鏡を外す)	안경을 벗으면/벗었으면 (眼鏡を外せば/外していたら)
방이 조용하다 (部屋が静かだ)	방이 조용하면/조용했으면 (部屋が静かならば/静かだったならば)
생각이 바뀌다 (考えが変わる)	생각이 바뀌면/바뀌었으면 (考えが変われば/変わっていたら)
키가 작다 (背が低い)	키가 작으면/작았으면 (背が低ければ/低かったら)

練習 2

(1) コンビニに行けば買えます。(2) プレゼントをもらえば気分がいいです。(3) わからないことがあれば質問してください。(4) 昨日、忙しかったら会えなかったはずです。

練習 3

(1) 시간이 없으면 못 가요. (2) 맛있으면 먹고 싶어요. (3) 생각이 바뀌었으면 가르쳐 주세요. (4) 어제 갔으면 못 샀어요.

28

練習 1

例 영화를 보다 (映画を見る)	영화를 보면서 (映画を見ながら)
날씨가 시원하다 (天気が涼しい)	날씨가 시원하면서 (天気が涼しくて)
침대에서 자다 (ベッドで寝る)	침대에서 자면서 (ベッドで寝ながら)
집이 넓다 (家が広い)	집이 넓으면서 (家が広くて)
소파에 앉다 (ソファに座る)	소파에 앉으면서 (ソファに座りながら)
사진을 찍다 (写真を撮る)	사진을 찍으면서 (写真を撮りながら)

練習 2

(1) 家で休みながらドラマを見ます。(2) 手を振りながら別れました。(3) 空が晴れていて、風も爽やかでした。(4) 最近は、遊んでいてあまり勉強はしません。

練習 3

(1)아침을 먹으면서 텔레비전을 봐요. (2)이 사과는 크면서 맛있어요. (3) 영화를 보면서 팝콘을 먹었어요. (4) 책을 읽으면서 공부했어요.

29

練習 1

例 드라마를 보다 (ドラマを見る)	드라마를 보지만/봤지만 (ドラマを見るけど/見たけど)
값이 싸다 (値段が安い)	값이 싸지만/쌌지만 (値段が安いが/安かったが)

떡볶이를 만들다 (トッポキを作る)	떡볶이를 만들지만/만들었지만 (トッポキを作るけど/作ったけど)
사촌을 만나다 (いとこに会う)	사촌을 만나지만/만났지만 (いとこに会うけど/会ったけど)
날씨가 좋다 (天気がよい)	날씨가 좋지만/좋았지만 (天気がよいが/よかったが)
아침을 먹다 (朝ご飯を食べる)	아침을 먹지만/먹었지만 (朝ご飯を食べるけど/食べたけど)
호텔을 예약하다 (ホテルを予約する)	호텔을 예약하지만/예약했지만 (ホテルを予約するが/予約したが)

練習 2

(**1**) 雪が降るけど寒くありません。(**2**) 冷蔵庫が大きくありませんが、大丈夫です。(**3**) 公園に行きましたが、友だちに会えませんでした。(**4**) 宿題をしましたが、よくわかりません。

練習 3

(**1**) 방이 넓지 않지만 괜찮아요. (**2**) 겨울이지만 별로 춥지 않아요. (**3**) 사랑했지만 헤어졌어요. (**4**) 책을 읽었지만 재미없었어요.

30

練習 1

例 밥을 먹다 (ご飯を食べる)	밥을 먹고 (ご飯を食べて)
춤을 추다 (踊りを踊る)	춤을 추고 (踊りを踊って)
김치가 맵다 (キムチが辛い)	김치가 맵고 (キムチが辛くて)
형한테 연락하다 (兄に連絡する)	형한테 연락하고 (兄に連絡して)
例 친구를 만나다 (友だちに会う)	친구를 만나고 (友だちに会ってから)
숙제를 마치다 (宿題を終える)	숙제를 마치고 (宿題を終えてから)

이야기를 듣다 (話を聞く)	이야기를 듣고 (話を聞いてから)

練習 2

(1) 掃除もして、洗濯もしました。(2) キムチがしょっぱくて甘かったですか。(3) 昼ご飯を食べて、昼寝をしました。(4) 話を聞いて泣きました。

練習 3

(1) 노래를 부르고 춤을 추었어요. (2) 여기 불고기는 싸고 맛있어요. (3) 아침을 먹고 회사에 갔어요. (4) 텔레비전을 보고 잤어요.

31

練習 1

例 친구를 만나다 (友だちに会う)	친구를 만나서 (友だちに会って)
학교에 가다 (学校に行く)	학교에 가서 (学校に行って)
고기를 잡다 (魚を釣る)	고기를 잡아서 (魚を釣って)
카페에서 기다리다 (カフェで待つ)	카페에서 기다려서 (カフェで待って)
계란을 삶다 (卵をゆでる)	계란을 삶아서 (卵をゆでて)
집에 전화하다 (家に電話する)	집에 전화해서 (家に電話して)
친구한테 연락하다 (友だちに連絡する)	친구한테 연락해서 (友だちに連絡して)

練習 2

(1) チャプチェを作って、皆でいっしょに食べました。(2) 英語を習って、アメリカに留学に行きました。(3) ベンチに座って待ちました。(4) 友だちに電話して会いました。

練習 3

(1) 친구를 만나서 영화를 봤어요. (2) 집을 사서 이사했어요. (3) 김치를 만들어서 보냈어요. (4) 도서관에 가서 만났어요.

32

練習 1

例 영화를 보다 (映画を見る)	영화를 보러 (映画を見に)
가방을 사다 (かばんを買う)	가방을 사러 (かばんを買いに)
꽃을 팔다 (花を売る)	꽃을 팔러 (花を売りに)
친구한테 연락하다 (友だちに連絡する)	친구한테 연락하러 (友だちに連絡しに)
고기를 잡다 (魚を釣る)	고기를 잡으러 (魚を釣りに)
창문을 닦다 (窓を拭く)	창문을 닦으러 (窓を拭きに)
머리를 감다 (髪を洗う)	머리를 감으러 (髪を洗いに)

練習 2

(1) ちょっと休みにカフェに行きました。(2) 雑誌を読みに図書館に行きました。(3) ソウルを見物しに来ました。(4) 友だちに連絡しに来ました。

練習 3

(1) 같이 식사하러 가죠. (2) 점심을 먹으러 식당에 가요? (3) 영화를 보러 가고 싶어요. (4) 노래를 부르러 노래방에 갔어요.

33

練習 1

例 보다 (見る) ＋영화 (映画)	보는 영화 (見る映画)
읽다 (読む) ＋ 책 (本)	읽는 책 (読む本)
만나다 (会う) ＋친구 (友だち)	만나는 친구 (会う友だち)
산책하다 (散歩する) ＋공원 (公園)	산책하는 공원 (散歩する公園)
멋없다 (つまらない) ＋사람 (人)	멋없는 사람 (つまらない人)

재미없다 (面白くない) + 잡지 (雑誌)	재미없는 잡지 (面白くない雑誌)
있다 (ある) + 돈 (お金)	있는 돈 (あるお金)

練習 2

(1) あそこに来る人が友だちです。(2) これは毎日食べるパンです。(3) 面白い映画が多いですか。(4) 最近、見るドラマはあまり面白くありません。

練習 3

(1) 책을 읽고 있는 사람은 누구예요? (2) 맛없는 과자를 먹었어요. (3) 점심을 먹는 시간이에요. (4) 내가 다니는 학교예요.

34

練習 1

例 비가 오다 (雨が降る)	비가 왔어요/왔습니다 (雨が降りました)
선물을 받다 (プレゼントをもらう)	선물을 받았어요/받았습니다 (プレゼントをもらいました)
값이 비싸다 (値段が高い) + ?	값이 비쌌어요?/비쌌습니까? (値段が高かったですか)
하늘이 높다 (空が高い) + ?	하늘이 높았어요?/높았습니까? (空が高かったですか)
시합에 지다 (試合に負ける) + ?	시합에 졌어요?/졌습니까? (試合に負けましたか)
방이 따뜻하다 (部屋が暖かい) + ?	방이 따뜻했어요?/따뜻했습니까? (部屋が暖かかったですか)
빵을 만들다 (パンを作る) + ?	빵을 만들었어요?/만들었습니까? (パンを作りましたか)

練習 2

(1) 友だちからプレゼントをもらいました。(2) 部屋が涼しかったですか。(3) 昨年、大学を卒業しましたか。(4) 今年の春に結婚しました。

練習 3

(1) 어제 학교에 갔어요? (2) 작년에 미국에 유학하러 갔어요.
(3) 아까 점심을 먹었습니다. (4) 서울의 날씨는 시원했습니까?

35

練習 1

例 보다 (見る) + 영화 (映画)	본 영화 (見た映画)
쓰다 (書く) + 편지 (手紙)	쓴 편지 (書いた手紙)
주다 (くれる) + 책 (本)	준 책 (くれた本)
전화하다 (電話する) + 친구 (友だち)	전화한 친구 (電話した友だち)
입다 (着る) + 옷 (服)	입은 옷 (着ている服)
감다 (閉じる) + 눈 (目)	감은 눈 (閉じた目)
묵다 (泊まる) + 호텔 (ホテル)	묵은 호텔 (泊まったホテル)

練習 2

(1) この方がアメリカから来たマイケルさんです。(2) 昨日、読んだ小説は面白かったです。(3) 春、植えた木がよく育ちました。(4) 電話で連絡したことはありません。

練習 3

(1) 어제 만난 사람은 누구예요? (2) 아까 먹은 불고기는 좀 달았어요. (3) 아침에 먹은 빵은 맛있었어요. (4) 양복/정장을 입은 사람은 형/오빠입니다.

36

練習 1

例 보다 (見る) + 영화 (映画)	볼 영화 (見る映画)

쓰다 (書く) + 편지 (手紙)	쓸 편지 (書く手紙)
주다 (もらう) + 책 (本)	줄 책 (もらう本)
전화하다 (電話する) + 친구 (友だち)	전화할 친구 (電話する友だち)
입다 (着る) + 옷 (服)	입을 옷 (着る服)
씻다 (洗う) + 채소 (野菜)	씻을 채소 (洗う野菜)
남다 (残る) + 사람 (人)	남을 사람 (残る人)

練習 2

(1) この映画が明日、見る映画です。(2) チジミを作るとき、卵を入れられますか。(3) ご飯を食べるときは楽しく食べるのがいいです。(4) 列車が出発する時間になりました。

練習 3

(1) 내일 서울에 갈 예정이에요. (2) 이 사람이 오늘 만날 후배예요. (3) 친구와 비빔밥을 만들 약속을 했어요. (4) 약을 먹을 시간이 됐어요.

37

練習 1

例 예쁘다 (きれいだ) + 꽃 (花)	예쁜 꽃 (きれいな花)
시다 (酸っぱい) + 김치 (キムチ)	신 김치 (酸っぱいキムチ)
차다 (冷たい) + 맥주 (ビール)	찬 맥주 (冷たいビール)
따뜻하다 (暖かい) + 교실 (教室)	따뜻한 교실 (暖かい教室)
싫다 (いやだ) + 일 (仕事)	싫은 일 (いやな仕事)
검다 (黒い) + 옷 (服)	검은 옷 (黒い服)

練習 2

(1) 明るいカフェがいいです。(2) 最近は暖かい天気が続いています。
(3) 短い髪がよく似合います。(4) 詩人であるうちの先生はおしゃれな人です。

練習 3

(1) 어제는 좋은 옷을 샀어요. (2) 요즘은 바쁜 사람도 많아요.
(3) 가장 재미있는 영화는 어느 것이에요? (4) 예쁜 꽃이 많이 피어 있어요.

38

練習 1

例 거기에 가다 (そこに行く)	거기에 가지 마세요/마십시오 (そこに行かないでください)
늦게 오다 (遅く来る)	늦게 오지 마세요/마십시오 (遅く来ないでください)
슬리퍼를 신다 (スリッパを履く)	슬리퍼를 신지 마세요/마십시오 (スリッパを履かないでください)
냉장고에 넣다 (冷蔵庫に入れる)	냉장고에 넣지 마세요/마십시오 (冷蔵庫に入れないでください)
밤늦게 전화하다 (夜遅く電話する)	밤늦게 전화하지 마세요/마십시오 (夜遅く電話しないでください)
여기에 앉다 (ここに座る)	여기에 앉지 마세요/마십시오 (ここに座らないでください)

練習 2

(1) 授業に遅れないでください。(2) お金をたくさん使わないでください。
(3) あまり心配しないでください。(4) 勝手に入らないでください。

練習 3

(1) 내일 가지 마세요. (2) 출발 시간에 늦지 마세요. (3) 점심을 거르지 마십시오. (4) 약속을 잊지 마십시오.

39

練習 1

ㄹ が脱落する	語幹 − ㄹ
例 열다 (開く) + (으) 세요 (〜てください)	여세요 (開けてください)
달다 (甘い) + (으) ㄴ (〜た…)	단 (甘い…)
알다 (知る、わかる) + (으) ㄹ (…)	알 (知る…、わかる…)
멀다 (遠い) + (으) 니까 (〜から、〜ので)	머니까 (遠いから、遠いので)
놀다 (遊ぶ) + 는 (…)	노는 (遊ぶ…)

練習 2

(1) 今、何をお作りですか。(2) 友だちといっしょに遊ぶから面白かったです。(3) デパートのオープンする時間を教えてください。(4) 家が遠いから学校に通いにくいです。

練習 3

(1) 지금 어디에 살아요? (2) 이 사과는 달고 맛있어요. (3) 가까이에 화장품을 파는 곳은 없어요? (4) 멀어서 갈 수 없었어요.

40

練習 1

例 덥다 (暑い) + 아/어 (〜て)	더워 (暑くて)
덥다 (暑い) + 아요/어요 (〜ます、です)	더워요 (暑いです)
굽다 (焼く) + (으) ㄴ (〜た…)	구운 (焼いた…)
쉽다 (やさしい) + (으) ㄴ (…)	쉬운 (やさしい…)
쉽다 (やさしい) + (으) 니까 (〜から)	쉬우니까 (やさしいから)
맵다 (辛い) + (으) ㄹ (…)	매울 (辛い…)

굽다 (焼く) + (으) 러 (～に)	구우러 (焼きに)
굽다 (焼く) + (으) 면 (～ば)	구우면 (焼けば)
굽다 (焼く) + (으) 세요 (～てください)	구우세요 (焼いてください)

練習 2

(**1**) このキムチは辛いから食べられません。(**2**) この肉は焼いたらおいしいです。(**3**) このコーヒーは熱いから気をつけてください。(**4**) 今日は天気が暑いです。

練習 3

(**1**) 이 문제는 쉬워요. (**2**) 어려우면 가르쳐 주세요. (**3**) 추워서 갈 수 없었어요. (**4**) 친구를 도와요.

ハングル早見表

母音 子音	ㅏ [a]	ㅑ [ja]	ㅓ [ɔ]	ㅕ [jɔ]	ㅗ [o]	ㅛ [jo]	ㅜ [u]	ㅠ [ju]	ㅡ [ɯ]	ㅣ [i]
ㄱ [k/g]	カ 가	キャ 갸	コ 거	キョ 겨	コ 고	キョ 교	ク 구	キュ 규	ク 그	キ 기
ㄴ [n]	ナ 나	ニャ 냐	ノ 너	ニョ 녀	ノ 노	ニョ 뇨	ヌ 누	ニュ 뉴	ヌ 느	ニ 니
ㄷ [t/d]	タ 다	ティャ 댜	ト 더	ティョ 뎌	ト 도	ティョ 됴	トゥ 두	ティュ 듀	トゥ 드	ティ 디
ㄹ [r]	ラ 라	リャ 랴	ロ 러	リョ 려	ロ 로	リョ 료	ル 루	リュ 류	ル 르	リ 리
ㅁ [m]	マ 마	ミャ 먀	モ 머	ミョ 며	モ 모	ミョ 묘	ム 무	ミュ 뮤	ム 므	ミ 미
ㅂ [p/b]	パ 바	ピャ 뱌	ポ 버	ピョ 벼	ポ 보	ピョ 뵤	プ 부	ピュ 뷰	プ 브	ピ 비
ㅅ [s/ʃ]	サ 사	シャ 샤	ソ 서	ショ 셔	ソ 소	ショ 쇼	ス 수	シュ 슈	ス 스	シ 시
ㅇ [-]	ア 아	ヤ 야	オ 어	ヨ 여	オ 오	ヨ 요	ウ 우	ユ 유	ウ 으	イ 이
ㅈ [tʃ/dʒ]	チャ 자	チャ 쟈	チョ 저	チョ 져	チョ 조	チョ 죠	チュ 주	チュ 쥬	チュ 즈	チ 지
ㅊ [tʃʰ]	チャ 차	チャ 챠	チョ 처	チョ 쳐	チョ 초	チョ 쵸	チュ 추	チュ 츄	チュ 츠	チ 치
ㅋ [kʰ]	カ 카	キャ 캬	コ 커	キョ 켜	コ 코	キョ 쿄	ク 쿠	キュ 큐	ク 크	キ 키
ㅌ [tʰ]	タ 타	ティャ 탸	ト 터	ティョ 텨	ト 토	ティョ 툐	トゥ 투	ティュ 튜	トゥ 트	ティ 티
ㅍ [pʰ]	パ 파	ピャ 퍄	ポ 퍼	ピョ 펴	ポ 포	ピョ 표	プ 푸	ピュ 퓨	プ 프	ピ 피
ㅎ [h]	ハ 하	ヒャ 햐	ホ 허	ヒョ 혀	ホ 호	ヒョ 효	フ 후	ヒュ 휴	フ 흐	ヒ 히
ㄲ [ˀk]	ッカ 까	ッキャ 꺄	ッコ 꺼	ッキョ 껴	ッコ 꼬	ッキョ 꾜	ック 꾸	ッキュ 뀨	ック 끄	ッキ 끼
ㄸ [ˀt]	ッタ 따	ッティャ 땨	ット 떠	ッティョ 뗘	ット 또	ッティョ 뚀	ットゥ 뚜	ッティュ 뜌	ットゥ 뜨	ッティ 띠
ㅃ [ˀp]	ッパ 빠	ッピャ 뺘	ッポ 뻐	ッピョ 뼈	ッポ 뽀	ッピョ 뾰	ップ 뿌	ッピュ 쀼	ップ 쁘	ッピ 삐
ㅆ [ˀs]	ッサ 싸	ッシャ 쌰	ッソ 써	ッショ 쎠	ッソ 쏘	ッショ 쑈	ッス 쑤	ッシュ 쓔	ッス 쓰	ッシ 씨
ㅉ [ˀʧ]	ッチャ 짜	ッチャ 쨔	ッチョ 쩌	ッチョ 쪄	ッチョ 쪼	ッチョ 쬬	ッチュ 쭈	ッチュ 쮸	ッチュ 쯔	ッチ 찌

ㅐ [ɛ]	ㅒ [jɛ]	ㅔ [e]	ㅖ [je]	ㅘ [wa]	ㅙ [wɛ]	ㅚ [we]	ㅝ [wɔ]	ㅞ [we]	ㅟ [wi]	ㅢ [ɯi]
ケ 개	ケ 걔	ケ 게	ケ 계	クヮ 과	クェ 괘	クェ 괴	クォ 궈	クェ 궤	クィ 귀	キ 긔
ネ 내	ネ 냬	ネ 네	ネ 녜	ヌヮ 놔	ヌェ 놰	ヌェ 뇌	ヌォ 눠	ヌェ 눼	ヌィ 뉘	ニ 늬
テ 대	テ 댸	テ 데	テ 뎨	トゥヮ 돠	トゥェ 돼	トゥェ 되	トゥォ 둬	トゥェ 뒈	トゥィ 뒤	ティ 듸
レ 래	レ 럐	レ 레	レ 례	ルヮ 롸	ルェ 뢔	ルェ 뢰	ルォ 뤄	ルェ 뤠	ルィ 뤼	リ 릐
メ 매	メ 먜	メ 메	メ 몌	ムヮ 뫄	ムェ 뫠	ムェ 뫼	ムォ 뭐	ムェ 뭬	ムィ 뮈	ミ 믜
ペ 배	ペ 뱨	ペ 베	ペ 볘	プヮ 봐	プェ 봬	プェ 뵈	プォ 붜	プェ 붸	プィ 뷔	ピ 븨
セ 새	シェ 섀	セ 세	シェ 셰	スヮ 솨	スェ 쇄	スェ 쇠	スォ 숴	スェ 쉐	スィ 쉬	シ 싀
エ 애	イェ 얘	エ 에	イェ 예	ワ 와	ウェ 왜	ウェ 외	ウォ 워	ウェ 웨	ウィ 위	ウイ 의
チェ 재	チェ 쟤	チェ 제	チェ 졔	チュヮ 좌	チュェ 좨	チュェ 죄	チュォ 줘	チュェ 줴	チュィ 쥐	チ 즤
チェ 채	チェ 챼	チェ 체	チェ 쳬	チュヮ 촤	チュェ 쵀	チュェ 최	チュォ 춰	チュェ 췌	チュィ 취	チ 츼
ケ 캐	ケ 컈	ケ 케	ケ 켸	クヮ 콰	クェ 쾌	クェ 쾨	クォ 쿼	クェ 퀘	クィ 퀴	キ 킈
テ 태	テ 턔	テ 테	テ 톄	トゥヮ 톼	トゥェ 퇘	トゥェ 퇴	トゥォ 퉈	トゥェ 퉤	トゥィ 튀	ティ 틔
ペ 패	ペ 퍠	ペ 페	ペ 폐	プヮ 퐈	プェ 퐤	プェ 푀	プォ 풔	プェ 풰	プィ 퓌	ピ 픠
ヘ 해	ヘ 햬	ヘ 헤	ヘ 혜	フヮ 화	フェ 홰	フェ 회	フォ 훠	フェ 훼	フィ 휘	ヒ 희
ッケ 깨	ッケ 꺠	ッケ 께	ッケ 꼐	ックヮ 꽈	ックェ 꽤	ックェ 꾀	ックォ 꿔	ックェ 꿰	ックィ 뀌	ックィ 끠
ッテ 때	ッテ 떄	ッテ 떼	ッテ 뗴	ットゥヮ 똬	ットゥェ 뙈	ットゥェ 뙤	ットゥォ 뚸	ットゥェ 뛔	ットゥィ 뛰	ッティ 띄
ッペ 빼	ッペ 뺴	ッペ 뻬	ッペ 뼤	ップヮ 뽜	ップェ 뽸	ップェ 뾔	ップォ 뿨	ップェ 쀄	ップィ 쀠	ッピ 쁴
ッセ 쌔	ッシェ 썌	ッセ 쎄	ッシェ 쎼	ッスヮ 쏴	ッスェ 쐐	ッスェ 쐬	ッスォ 쒀	ッスェ 쒜	ッシュィ 쒸	ッシ 씌
ッチェ 째	ッチェ 쨰	ッチェ 쩨	ッチェ 쪠	ッチュヮ 쫘	ッチュェ 쫴	ッチュェ 쬐	ッチュォ 쭤	ッチュェ 쮀	ッチュィ 쮜	ッチ 쯰

#網掛の文字は、特殊な外来語の表記や発音の表記などを除いては実際にはほとんど使われることはありません。

著者紹介

チョ・ヒチョル

▶「お、ハングル！」主宰、元東海大学教授。
2009年〜10年度NHKテレビ「テレビでハングル講座」講師。
著書に、『本気で学ぶ韓国語』『本気で学ぶ中級韓国語』『本気で学ぶ上級韓国語』（ベレ出版）、『1時間でハングルが読めるようになる本』『1日でハングルが書けるようになる本』（学研プラス）など。

音声の内容

ナレーター：イ・ホンボク／久末 絹代
タ　イ　ム：45分4秒

◉── カバーデザイン　都井 美穂子
◉── 本文イラスト　いげた めぐみ
◉── DTP　清水 康広
◉── 校正　星 文子

[音声DL付] わかる！韓国語 基礎文法と練習

2021年5月25日　初版発行
2023年10月23日　第3刷発行

著者	チョ・ヒチョル
発行者	内田 真介
発行・発売	ベレ出版 〒162-0832　東京都新宿区岩戸町12 レベッカビル TEL.03-5225-4790 FAX.03-5225-4795 ホームページ　https://www.beret.co.jp/
印刷	モリモト印刷株式会社
製本	根本製本株式会社

ISBN 978-4-86064-656-1 C2087　　編集担当　脇山和美